지식채널 × **기억하는 인간**

지식채널

×

기억하는 인간

지식채널ⓔ 제작팀 지음

EBS BOOKS

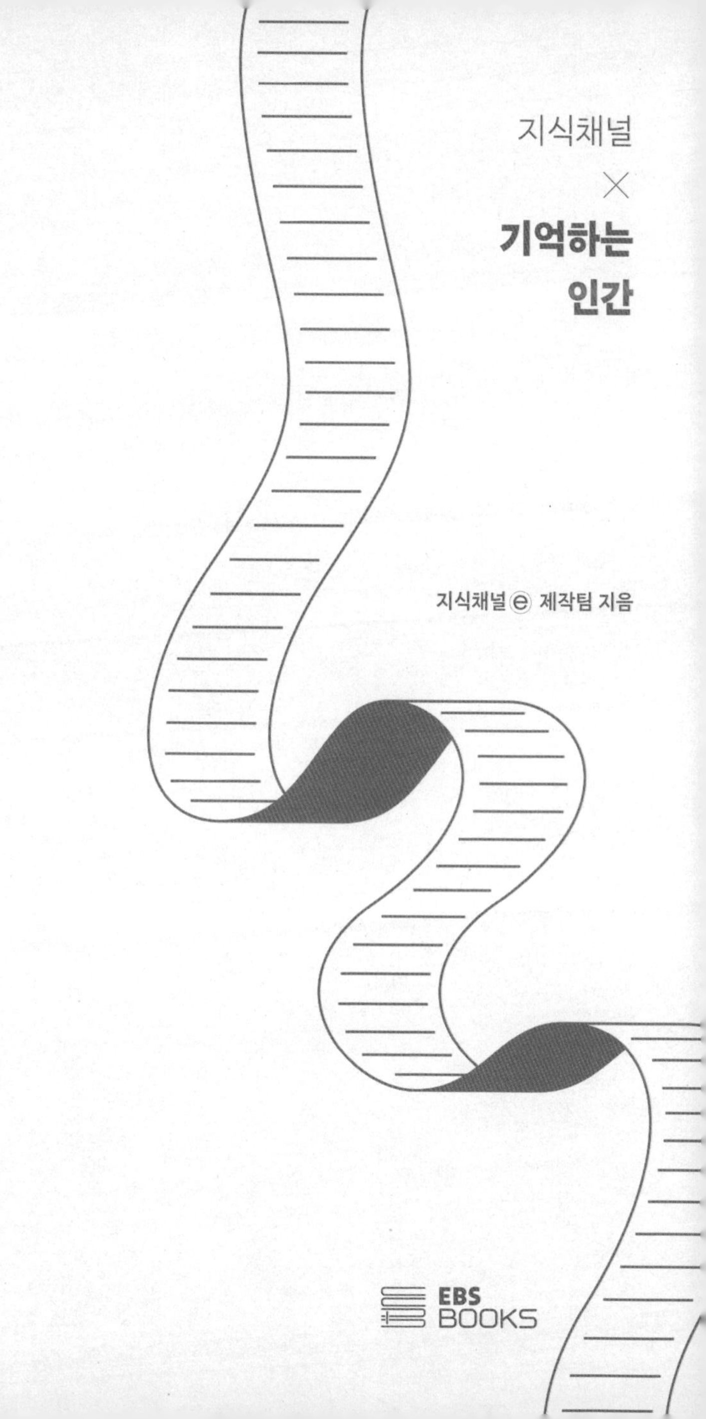

HOMO MEMORIS

PART 1

존재의 기록

PART 2

선택의 기록

PART 3

희망의 기록

PART 4

우리의 기록

기억의 여행

ON AIR 20190416

두 해,
스무네 달

"기억할 준비가 되셨나요?"

단원고 학생들의 수학여행 목적지인 제주에서

2015년 4월 16일, 한 시민이 시작한 '기억공간re:born'.

"제주는 누군가에게는 신혼여행지이고

누군가에게는 삶의 터전이죠.

그런데 제주는 세월호가 향한 곳이기도 했잖아요.

이곳까지 닿지 못한 꿈들을 이곳에서 기억하고 싶다고

생각했어요."

— 황용운(기억공간 운영자)

세월호 사고로 고등학교 은사를 잃은 제자,

아들을 잃은 아버지…….

많은 사람들이 기억공간을 찾았다.

누구보다 열심히 전시를 관람하고

편지 쓰는 작은 마음들.

18세에 죽었다는 게 어떤 의미인지

모르는 사람이 너무 많다.

가만히 있으라고 가만히 있던 게

어떤 의미인지 모르는 사람이 너무 많다.

울 줄만 아는 사람들이 너무 많고

울 줄도 모르는 사람이 더 많다.

바람이 되어 날아가라.

— 어느 고등학생의 편지 중

제주 기억공간은 2015년 첫 전시 이후

희생자를 기리는 다양한 전시와 행사를 열었다.

"저는 이곳에 어떤 사람들이 찾아오고

어떻게 이 일을 기억하는지 직접 보고 싶었어요."

— 이태실(대학원생)

PART

1

존재의 기록

HOMO MEMORIS

증언자 | 나는 비국민의 아들입니다 | 자화상 그리는 여자들

감시자들 | 꿈꾸는 자의 벽

HOMO MEMORIS

01

증언자

17

ON AIR 20170301

4517

내 말을 믿지 못한다면

나는 내 팔에 새겨진 숫자를 보여주리라.

아우슈비츠 수용소 희생자의 신발.

프리모 레비의 마지막 증언

아우슈비츠에서 나치는 말했다. "너희와의 전쟁은 우리의 승리다. 아무도 살아남아 증언하지 못할 테니까."

전범 재판에서도 그들은 사실을 부정하고 기억을 조작했다.

그래서 생존자들은 밤마다 같은 꿈에 시달렸을지 모른다.

보고 듣고 겪은 일을 말하지만 아무도 믿지 않는…….

수용소에서 생환한 뒤 화학자로 살았던 프리모 레비Primo Michele Levi는 악몽에서 벗어나기로 한다. 방법은 하나였다.

살아남은 자만이 할 수 있는 일.

『이것이 인간인가』(1947), 『휴전』(1963), 『주기율표』(1975),
『지금이 아니면 언제?』(1982)…….
'생존자의 의무는 기억하는 것'이었으므로,
증언으로써 악몽 같은 현실에 맞서야 했으므로,
수십 년을 이어갔지만 그것은 몹시 잔인한 의무였다.
기억하는 내내 아우슈비츠의 폭력과 고통이 되살아났다.
그러나 당연한 분노와 증오조차 함부로 끌어들이지 않았다.
오로지 야만에 맞서는 품위로 일관했고,
'가장 믿을 만한 홀로코스트의 증언자'가 되었다. 그리고
증언은 마침내 '살아남은 자의 수치'에까지 이른다.

"다른 사람 대신 살아남았기 때문에 부끄러운가?
나보다 더 관대하고, 더 섬세하고, 더 현명하고,
더 쓸모 있고, 더 자격 있는 사람 대신에?"

—『가라앉은 자와 구조된 자』(1986)

그런 그에게 젊은이들이 물어온다.
팔에 새겨진 그 문신은 '전화번호'냐고.
광기의 시대를 망각한 질문은 계속된다.
그 역시 증언을 멈추지 않는다.

"과거에 이런 일이 벌어졌다. 그런 일은 다시 일어날 수 있다.

바로 이것이 우리가 말하고자 하는 핵심이다."

수감번호 '174517'.

프리모 레비(1919~1987)의 묘비에 새겨진 마지막 증언이다.

제2차 세계대전 당시 독일 뵈벨린 강제수용소에서 풀려나 병원으로 이송되는 사람들.

기억이라는 의무

아우슈비츠 수용소 한 곳에서만 110만 명이 죽었다. 해방 당시 발견된 생존자는 7,000여 명에 불과했다. 대체 무슨 일이 일어났는가? 죽은 자는 말이 없고 산 자도 모두 말하지는 못했다. 기억이 불러오는 고통 때문이었다.

"심지어 이런 곳에서도…… 살아남기를 원해야 한다. 이야기하기 위해서, 살아 증언하기 위해서"라던, 증언 의지가 곧 생존 이유였던 프리모 레비조차 '살기 위해 잊고 싶다'는 생각에 시달렸다.

마찬가지로 아우슈비츠에서 생환한 장 아메리Jean Améry, 1912~1978는 수감에 앞서 당했던 '고문'을 20년간 침묵한 뒤에야 글로 밝혔다. 잊고 살았거나 거리를 둘 수 있어서 하는 때늦은 증언이 아니었다. 전후 20년, 세상의 망각이라는 더 큰 고통을 참을 수 없어서 터져 나온 고발이었다.

15세에 수용소로 끌려가 가족 모두를 잃은 엘리 위젤Elie Wiesel, 1928~2016 역시 기자로 활동하면서도 대학살에 대해서는 쓰지 않았다. 30세가 넘어 발표한 자전 소설 『나이트』가 첫 증언이다. 그는 수용소에서 풀려날 때 "적어도 10년간은 말하거나 쓰지 않겠다"고 다짐했다. '잘못된 말wrong words'을 선택하고 싶지 않았기 때문이다. 소년은 이미 알고 있었다. 증언에는 무거운 책임이 따른다.

증언의 책임. 프리모 레비와 장 아메리는 집요한 탐색과 혹독한 성찰로 밀어붙였다. 엘리 위젤은 매주 대학 강단에 서서 전 세계에서 모여든 학생들과 토론했다. "문학도, 철학도, 종교마저 인간의 타락을 막을 수 없다면 무엇이 우리를 구원할 수 있을까?" 질문하고 답을 구하면서 행동했다. 인도, 베트남, 캄보디아, 르완다, 보스니아 등 학살 현장으로 달려가 구호 활동을 벌이고 목격자로서 참상을 증언했다. 책임자를 규탄하고 세상에 행동을 촉구했다. 아우슈비츠의 어린 피해자는 이 시대를 대표하는 양심이 되었다. 1986년 '인종차별 철폐와 인권신장을 위해 노력한 공로'로 노벨평화상을 받으며 그는 말했다.

"무엇이 인간을 구원할 수 있을까요? 그것은 다름 아닌 기억입니다."

기억은 구원이자 투쟁이기도 하다. 증언자는 기억을 부인하고 왜곡하는 가해자, 동조자, 방관자에게도 맞서야 한다. 1991년 8월 14일 실명을 건 첫 공개 증언 이후 일본군 '위안부' 피해자는 한일 기억 투쟁의 최전선에 서왔다. 대한민국 정부에 피해 사실을 등록한 240명 가운데 남은 생존자는 이제 16명(2020년 8월 기준). 그러나 증언자의 기억은 소멸하지 않는다.

버락 오바마는 엘리 위젤을 추모하며 그에게서 들은 잊을 수 없는 한마디를 되새겼다.

"기억은 선한 의지를 가진 모든 사람의 신성한 의무가 되었습니다."

증언자의 기억뿐이 아니다. 증언자에 대한 기억도 그렇다. 김학순(1924~1997), 강덕경(1929~1997), 김복동(1926~2019) 등은 단지 '위안부 피해 할머니'로 살지 않았다. 생의 최후까지 전 세계 피해자와 연대했다. 전쟁과 폭력에 시달리는 여성과 아이, 차별받는 재일동포 학생 들에게 쌈짓돈을 모아 지원했다. 피해자의 고통스러운 기억으로부터 끌어낸 평화활동가, 인권운동가의 삶. 엘리 위젤의 말에 동의한다면 그 삶까지 기억할 의무가 우리에게 있다.

내면에 새겨진 상처,
트라우마를 넘어

자서전을 준비하면서 프리모 레비는 줄곧 말했다. '이야기가 최고의 치료제'였다고. 그런데 이야기가 정점에 다다랐던 어느 날, 돌연 죽음을 택했다. 엘리 위젤은 이렇게 애도했다. "프리모 레비는 아우슈비츠에서 죽었다. 그곳에서 나온 지 40년 뒤에."

말년의 프리모 레비는 들으려 하지 않는 세상에 대고 이야기하는 피로를 종종 언급했다. 모든 이야기를 정확하게 증언하고 전달하지 못했다고 자책도 했다. 이스라엘이 레바논을 침공하고 팔레스타인 난민을 학살했을 때는 몹시 좌절했다. 그 이유가 전부는 아닐지라도 망각과 야만은 그가 아우슈비츠에서 겪은 바로 그것이었다.

정신적 충격, 심리적 외상은 죽음에 이를 만큼 극단적 고통을 불러온다. 엇비슷한 충격을 받으면 언제라도 재발할 수 있다. 곤혹스럽게 신체 질환으로만 드러나기도 하며 유전되기도 한다. 밝혀진 사실만으로도 충분히 문제지만, 더 큰 문제는 아예 인식조차 하지 못해서 치료를 시도하지 않는 경우가 허다하다는 것이다.

프리모 레비는
아우슈비츠에서
죽었다.

그곳에서 나온 지
40년 뒤에.

폴란드 오시비엥침에 있는 아우슈비츠 수용소.

2020년 5월에 제주4·3트라우마센터가 개소했다. 센터가 파악한 대상자는 1만 8,000여 명. 피해생존자의 39.1퍼센트, 유족의 11.1퍼센트는 '치료가 시급한' 외상 후 스트레스 장애PTSD 고위험군이었다. 선행된 관련 연구에서도 피해생존자의 자살 위험이 일반인보다 7.5배나 높았다(정영은·김문두, 《정동 장애 저널Journal of Affective Disorders》, 2017). 희망이 있다면, 70여 년이 지났어도 치료할 수 있다는 사실이다. 이스라엘조차 아우슈비츠 생존자들을 정신병원에 방치한 역사가 있다. 그러나 지금은 생존자의 2, 3세까지 지원하는 체계적인 시스템을 갖추고 있다. 학살, 고문 등 국가폭력에 대응하는 트라우마센터는 전 세계에 200여 곳이 있다. 덴마크의 디그니티Dignity와 미국의 고문피해자센터CVT, Center for Victims of Torture는 난민과 망명자에 특화된 치료기관이다. 한국에는 민간기관으로 김근태기념치유센터(2013) 등이 있고, 국립기관은 없다. 국가가 지원해주는 곳은 시범 운영 중인 제주와 광주트라우마센터(2012) 두 곳이 전부다.

국가폭력이나 재난재해 같은 충격적인 사건의 여파는 당사자에게는 물론이고 가족, 마을, 사회 전체에 영향을 미친다. 간접체험으로도 트라우마가 생기기 때문이다. 미디어가 발달한 현대사회에서는 집단 트라우마가 빈번하다.

한국 사회가 집단 트라우마를 인식하고 치료의 필요성에 공감하게 된 가장 큰 계기로 세월호 참사를 꼽는다. 성수대교 붕괴(1994)와 삼풍백화점 붕괴(1995) 당시만 해도 '개인의 의지'가 당연시되었지만, 세월호 참사 이후 메르스 사태, 경주와 포항 지진 등을 겪으면서 '국가적 대응'이 강조되었다. 연장선에서 2018년 재난정신건강을 지원하는 국가트라우마센터가 설립되었다.

트라우마는 '외부'에서 비롯된 '내면'의 고통이다. 치료의 첫 단계는 이유를 알아내는 규명, 마지막 단계는 안전하다는 확신이라고 한다. 프리모 레비는 이야기를 통해 첫 단계를 넘었으나 마지막 단계에는 이르지 못했다. 타인의 고통에 무감하고 개인의 몫으로 남겨두는 사회는 건강할 수 없으며 그런 사회에 사는 개인들은 누구라도 트라우마의 덫에 빠질 수 있다고, 최후의 이야기를 전한 것이다.

/ 이소영

참고 자료

프리모 레비, 『이것이 인간인가』, 이현경 옮김, 돌베개, 2007 | 프리모 레비, 『가라앉은 자와 구조된 자』, 이소영 옮김, 돌베개, 2014 | 서경식, 『시대의 증언자 쁘리모 레비를 찾아서』, 박광현 옮김, 창비, 2006 | 프리모 레비·조반니 테시오, 『프리모 레비의 말』, 이현경 옮김, 마음산책, 2019 | 아리엘 버거, 『나의 기억을 보라』, 우진하 옮김, 쌤앤파커스, 2020 | EBS 〈지식채널ⓔ〉 '할머니의 쌈짓돈', 2019년 3월 6일

HOMO MEMORIS

02

나는 비국민의 아들입니다

ON AIR 20170810

非國民

훗카이도의 미쓰이 계열 탄광에 동원된 조선인 광부들.

당신은 국적이다, 비국민이다!

책이 나오면 협박이 시작된다.

"당신은 국적國賊이다, 비국민非國民이다!"

58권의 책을 낼 때마다 50년 가까이 들어온 소리다.

실은 훨씬 오래전부터였다.

신사神社 관리인이던 아버지는 탄광에서 도망쳐온
조선인들을 숨겨주는 불온한 행동을 했다. 비국민이라고
손가락질 받았지만 어린 아들은 납득했다. 그들의 삶이 너무
참혹했으므로 탈출까지 돕는 아버지가 자랑스러웠다.
다만 그 일로 국적으로 몰린 아버지가 고등경찰에

끌려가게 될 줄은 몰랐다.
모진 고문 후유증으로 숨진 아버지의 나이가 되었을 즈음, 강제동원 피해자들의 삶을 기록하는 작가로 나섰다.
예상대로 쉽지 않았다. 광부, 자살특공대, 시베리아 억류자, 군 위안부, 사할린 학살 피해자들까지, 권력이 덮고자 하는 역사였으므로 취재는 저항일 수밖에 없었다.

집요한 추적 끝에 겨우 드러나는 진실.
탈출하려던 조선인 광부를 일본인 직원 다섯이 7시간 동안이나 때려서 죽였다는 증언을 당시 노무 관리자에게서 받아냈다. 40년 만의 자백이다. 거의 모든 취재가 그런 식이었다. 10년, 20년도 짧았다.

죽을 각오로 진실을 쫓으며 청년은 여든의 노老작가가 되었다. 암과 싸우며 손에 펜을 쥘 힘마저 잃었다.
그러나 테이프로 칭칭 감아 묶고서라도 쓴다.
아직 '사명'을 마치지 못했다.

그날 탈출하지 않고서도 떠날 수 있게 된 조선인 광부들이 찾아왔다. 비국민의 아들이라는 멸시와 빚더미에 눌려 있던 소년에게 봉투를 쥐어주었다. 봉투에는 '고맙습니다'라는 글귀와 10엔이 들어 있었다.

비록 비국민의 아들이었으나 일본인에게는 과분한 감사의 말이었다. 가혹한 노동의 대가로 겨우 받았을 최저임금의 전부일지도 몰랐다. 차마 잊을 수도, 꺼내어 쓸 수도 없었다.

그것은 아버지의 삶이 물려준 유일한 유산이었다.

조선인의 마음이 새겨준 평생의 사명이었다.

역사의 진실을 기록하리라.

기록 작가 하야시 에이다이의 저항은 그렇게 시작되었다.

일본의 제강공장에 동원된 조선인 노무자의 출근표에 날짜와 시간이 꼼꼼하게 기록되어 있다.

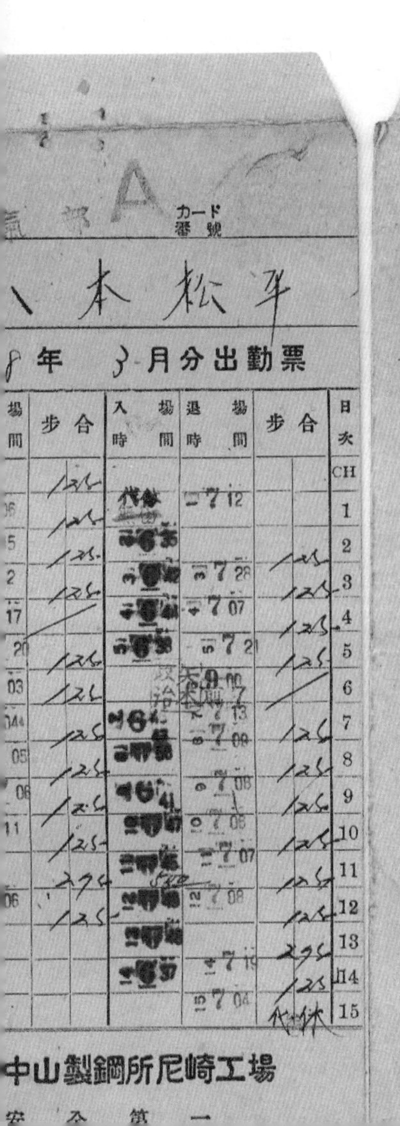

氣 部 A カード番號

本松平

8年 3月分出勤票

場間	步合	入場時間	退場時間	步合	日次
					CH
06	1.25		7 12		1
5	1.25				2
2	1.25		7 28	1.25	3
17	1.25		7 07	1.25	4
20			7 21	1.25	5
03	1.25		9 00		6
044	1.25		7 13	1.25	7
05	1.25		7 00	1.25	8
06	1.25		7 08	1.25	9
11	1.25		7 08	1.25	10
	1.25		7 07	1.25	11
06	1.25		7 08	1.25	12
					13
			7 1	1.25	14
			7 04	代休	15

中山製鋼所尼崎工場

安 全 第 一

勘定袋

支拂表 No. .... 支拂 No. ....

現住所欄

項目	圓	錢
常傭・工賃	37	68
工程工賃		
殘業步增	1	62
步增工賃		
ロール賞		
皆勤賞與		
手袋火箸手當	1	14
家族手當		
命休手當		
割增金	13	94
獎勵金	21	47
物價手當		65
合計支拂額	76	50
引去額 退職積立金		
所得稅	3	90
月分保險料	7	20
月分產報會費		
寄宿舍費	15	00
中途仮出		
金券		
團体保險		
强制貯金		
年金保險	8	00
社宅家賃		
定期券代		
七月分寄宿舍費	15	00
差引支給額	24	40

(本出勤表ノ勘定袋ニ使用スルニ付大切ニ取扱サレタシ)

(西兵 三九)

일제의 산물 비국민:
양심의 목격자들

'비非국민'은 일제의 산물이다. 1938년 국가총동원령을 기점으로 황국의 전쟁을 반대하거나 순응하지 않는 이들을 일컫는 말로 유포되었다. 비국민은 배척받아 마땅한 배신자로 따돌림당했다. 전후에 방송 등에서는 사용이 금지되었지만, 여전히 낙인 효과를 갖는 멸칭으로 쓰인다. 그래서 하야시 에이다이의 "나는 비국민의 아들"은 일종의 저항 선언이다.

2017년 8월 다큐멘터리 〈기록작가 하야시 에이다이의 저항〉이 EBS국제다큐영화제에서 상영되었다. 병상에서 한국 관객들이 보낸 감사 인사를 전해 들은 그는 매우 기뻐했고 며칠 뒤 눈을 감았다. 묘는 아버지가 일했던 신사 근처 산촌에 마련되었다. 10월에 열린 추모제에서 한국인 40여 명이 그를 위해 〈아리랑〉을 합창했다.

그의 묘비에는 생전의 당부대로 이런 문장이 새겨졌다.

"역사의 교훈에서 배우지 못하는 민족은 결국 자멸의 길을 걸을 수밖에 없다."

하야시 에이다이의 저항을 다큐멘터리로 만든 니시지마 신지 감독 역시 '역사의 교훈'을 배우고 알리는 데 주저하지 않는다. 그는 RKB마이니치방송에서 37년간 일하다 정년이 얼마 남지 않은 2018년에 자진 사직했다. 발단은 '우에무라 때리기'였다. 1991년 한국에서도 첫 실명 증언이 나오기 전에 정신대(일본군 '위안부'와 혼용된 당시 표현) 피해 사실을 특종 보도한 우에무라 다카시 기자는 20여 년 뒤 '날조 기자'라는 거센 공격을 받는다. 느닷없지만 국익에 반하는 행위는 용서하지 않겠다는 우익의 일상다반사 같은 행동이었다. 니시지마 신지는 이를 프로그램으로 만들려다 거부당했고, 단지 프로그램 한 편 만들지 못하게 된 해프닝으로 넘길 수 없어 사직을 결심했다. 지금까지도 어렵게 제작비를 모금해가며 〈표적〉(가제)이라는 다큐멘터리 영화로 만들고 있다. 한편 일본 사회의 표적이 된 우에무라 전《아사히신문》기자는 명예 회복을 위해 소송(2020년 3월 2심 패소) 투쟁 중이다.

오카 마사하루(1918~1994) 목사를 인권운동가로 살게 한 것은 조선인 피폭과 강제동원 노역의 진실을 은폐하려는 당국이었다. 희생된 조선인을 위한 기도는 어느새 진실 규명 투쟁이 되었다. 이하라 히로미쓰의 경우 은폐자는 자신이었다.

일제강점기 조선의 소년들을 부랑아로 낙인찍어 섬에 강제수용하고 노역에 투입한 '선감학원'이라는 곳이 있었다. 그곳 부원장이던 아버지를 따라 섬에 살았던 이하라 히로미쓰는 자신에게는 낙원 같았던 섬이 조선 소년들에게는 지옥이었다는 사실을 중년이 되어서 깨달았다. 힘없어 보이던 상처투성이 불량소년들은 학대받는 아동들이었다. 도망갔다는 소문은 구타로 인한 사망과 암매장의 은폐였다. 알면 알수록 죄책감이 일었다. 그렇다 해도 트럭 운전사인 자신이 할 일은 없어 보였고 무엇보다 살기에 바빴다. 그런데 형편이 나아져 다시 찾은 섬에서 더욱 놀라운 일을 목격하고야 만다. '조선' 소년들이 고통받던 선감학원은 '한국'의 어떤 소년들에게 여전한 지옥이었다. 가려진 진실이 또 다른 죄를 낳고 있었던 것이다. 적어도 일제강점기의 원죄原罪만은 밝혀야 했다. 작가로 전업하고 집필에 매달렸다.

『아! 선감도』(1989)를 내고 비국민이 되었다. 1990년대 중반 한국에서 선감학원의 진상을 조사하는 이들이 책을 번역 출간하고 증언을 요청하자 한걸음에 달려왔다. 함께 진상 규명을 촉구했다. 2019년에도 노구를 이끌고 소년들의 넋을 기리는 위령제에 참석해 머리를 조아렸다. 사과를 모르는 조국을 대신한 비국민의 참회였다.

르포르타주:
시대의 민낯을 투시하다

하야시 에이다이는 '사실에 기초해 진실을 추적'하는 르포 작가의 전형이었다. 이 전제만 분명하다면 르포에서 형식은 중요하지 않다. 스베틀라나 알렉시예비치는 '목소리 소설Novels of Voices'이라고 이름 붙은 르포를 쓴다. 작가의 펜은 '소련'을 살아낸 이들의 목소리에 빙의된다. 제2차 세계대전에 참전한 여성들, 아프가니스탄 전쟁을 겪은 소년병과 그들의 어머니, 체르노빌 원자력발전소 사고 이후 벨라루스 사람들의 10년, 연방 해체 후 갑작스러운 자유에 짓눌린 구 소련 사람들의 20년……. 목소리들은 '우리 시대의 고통과 용기에 바쳐진 기념비'라고 평가받으며 작가에게 노벨문학상을 안겼다. '목소리'일 뿐 문학이 아니라는 편협한 시선도 있었다. '소설'일 뿐 사실과 다르다는 공방도 있었다. 그 모두에 작가는 당당했다. 수년간 수백 명을 인터뷰하며 들어온 목소리를 펜으로 옮겨내는 작업에서 고고한 문학성에 얽매이지 않았다. 서로 다르게 얽히고 싸우는 목소리들의 옳고 그름을 판단하려 들지 않았다. 중요한 것은 결국 '진실'이고, 작가는

수많은 목소리가
각자가 믿는 진실을
다 말할 수 있게 하면
마지막에 가서는
진실에 도달할 수 있다.

135명의 조선인 노무자가 몰살된 조세이 해저탄광의 흔적이
'피야'(pier의 일본식 발음)라고 불리는 2개의 굴뚝형 환기구로 남아 있다.

진실의 '증언자'이기 때문이다.

증언자로서 비평가 존 버거와 사진가 장 모르는 민족주의가 되살아나는 유럽 선진국에서 이주노동자로 살아가는 어려움을 사려 깊고 생생하게 그려냈다(『제7의 인간』). 피에르 부르디외와 사회학자 22명은 '사회적 불행'의 이유와 조건을 현장 인터뷰를 통해 해부했다(『세계의 비참』). 권터 발라프는 흑인이나 이주노동자로 위장하고 잠입해서 '백인 독일 남성'일 때는 보이지 않던 노동인권과 인종차별의 어두운 그늘을 드러냈다(『암행기자 권터 발라프의 언더커버 리포트』, 『가장 낮은 곳에서 가장 보잘것없이』, 『버려진 노동』).

라오웨이는 중국의 개혁 개방을 '사소한' 개인사로 증언했고(『저 낮은 중국』), 천구이디와 우춘타오 부부는 중국 농민의 현실을 어떤 사회학자보다 깊이 분석했다(『화이허의 경고』, 『중국 농민 르포』). 외국인 노동자를 차별하는 사회 분위기를 감지하고 일찌감치 재특회(재일 특권을 용납하지 않는 시민 모임)에 주목한 야스다 고이치는 훗날 거리로 뛰쳐나온 그들을 보며 충격에 빠진 일본인들에게 진상(『거리로 나온 넷우익)』을 보고한다. 그도 하야시 에이다이처럼 우익으로부터 위협받았으나 탄탄한 독자층과 출판계의 지원 덕에 작가 생활을 이어갈 수 있었다.

한국에도 당연히 르포가 있어왔다. 환경과 조건은 열악하지만 르포 작가들은 시대를 가장 뜨겁고 날카롭게 기록해왔다.

젊은 노동자의 분신이 단신으로 스쳐갈 때 소설가 박태순은 전태일의 장례식과 평화시장을 취재해 「소신燒身의 경고警告」에 그 의미를 꾹꾹 눌러 담았다. 군사 정권에 언로가 막힌 1980년대는 오히려 르포의 전성기였고, 이후로는 침체기를 넘어 암흑기라고 할 만한 시절이 이어졌다. 그렇다 해도 꽃게잡이 배부터 돼지농장까지 안 해본 일이 없는 젊은 노동자 한승태는 '대한민국 워킹 푸어 잔혹사'인 『인간의 조건』을 썼고, 만화가를 꿈꾸며 생계를 위해 택배 알바로 6년을 살았던 이종철은 그 현장을 『까대기』에 그렸다. 『나는 지방대 시간강사다』를 쓰고 나서 강사직을 그만두게 된 김민섭은 『대리사회』, 『훈의 시대』 등을 쓰며 우리 시대의 노동과 언어를 연구하고 있다. 이들 모두 르포 작가를 작정하고 글을 쓰지는 않았다. 작품들은 자전적 에세이로 읽히며 대중의 호응을 얻었다.

그리하여 오늘날 르포는 평온한 일상에 감춰진 사회의 민낯을 예리하게 발견하는 온갖 기록들이다. '나'를 '우리'로 확장하는 시선을 지녔다면, 누구라도 시대의 증언자다.

/ 이소영

참고 자료

니시지마 신지, 〈기록작가 하야시 에이다이의 저항〉, 2016 | 이민선, 『소년들의 섬』, 생각나눔, 2018 | 박태순 외, 『민중을 기록하라』, 실천문학, 2015

HOMO MEMORIS

03

자화상 그리는 여자들

ON AIR 20180531

Artemisia Gentileschi

뮤즈에서 예술가로

무표정하거나 아름답게 치장했거나 젊고 아름답다. 여성의 형상을 하고 있을 뿐, 뮤즈는 어차피 현실의 존재가 아니다. 세계의 중심이 신에서 인간으로 옮겨왔을 때도 여성은 신화 속 뮤즈에 머물렀다. 라파엘로의 뮤즈는 교양이 넘치고 다빈치의 뮤즈는 어리고 매력적이다. 르네상스를 이은 바로크 시대에도 루벤스의 뮤즈처럼 화폭 속 여성은 관능의 대상이었다.

그런 시대에도 그림이 되기보다 옷을 입고 붓을 들고 그림을 그리고자 하는 여성 화가들이 있었다.

아르테미시아 젠틸레스키Artemisia Gentileschi는 소매를 걷어붙이고 손에 물감을 묻혀가며 캔버스에 얼굴을 바싹 대고 있는 자화상을 그렸다. 누구도 기대하지 않는 모습이었지만 자신이 열망하는 화가의 모습 그대로였다.

시대는 예술가로서의 당연한 욕망에 참담한 현실로 답했다. 18세기까지 여성 화가는 남성 모델을 그릴 수 없었고, 보호자 없이 혼자서는 미술관을 다닐 수 없었으며, 남편의 허락 없이는 화가의 삶을 살 수 없었다. 차라리 뮤즈로 남아야 했을까? 하지만 어떤 예술가가 그렇게 하겠는가!

가까스로 19세기 후반에서야 유럽의 미술학교들이 여성의 입학을 허락했다. 이제 마음껏 붓을 들 수 있다. 그러나 무엇을 그릴 것인가? 여성은 화가가 될 수 없다는 오랜 사회적 제약보다 깨뜨리기 어려운 금기는 아름다움의 대상으로 길들여진 내면의 금기일지도 모른다. 그것이 쉬웠다면 축 처진 몸과 얼굴을 담은 케테 콜비츠Kathe Kollwitz의 자화상과 출산의 고통을 적나라하게 옮긴 프리다 칼로Frida Kahlo의 자화상에 세상이 그리 충격받지 않았을 것이다.

자화상이 화가의 자의식을 반영하고 직시하는 그림이라면,
가장 치열한 투쟁의 그림은 여성 화가들의 자화상이다.
뮤즈를 벗어난 예술가들의 응시, 그 고스란한 기록.

**"여자가 무엇을 할 수 있는지 내가 보여주겠어요.
당신은 카이사르의 기운을 품은 한 여자의 영혼을
발견하게 될 겁니다."**

390년 전 아르테미시아 젠틸레스키가 외친 '영혼'은
오늘도 분투한다.

아르테미시아 젠틸레스키, <수산나와 장로들>, 1610년(추정).

시대의 한계에 맞선 여성들

'목욕하는 수산나와 훔쳐보는 장로들', 성경 구절에서 따온 이 장면은 수세기 동안 여러 화가가 화폭에 재현했다. 훔쳐보던 남성들은 수산나에게 음란하다는 거짓 누명을 씌우는데, 성경에서는 진실이 밝혀져 처벌을 받는다. 그러나 화폭에서 중요한 것은 전후 사정이나 교훈이 아니다. 르네상스 시대 화가 야코포 틴토레토의 〈수산나의 목욕〉(1555)처럼 눈길을 사로잡는 것은 수산나의 벗은 몸이며 순진무구한 얼굴이다. 위대한 화가이고 뛰어난 작품이지만, 또 다른 위대한 화가이자 뛰어난 작품성을 지닌 아르테미시아 젠틸레스키의 작품 〈수산나와 장로들〉(1610)과 함께 놓고 볼 필요가 있다.

젠틸레스키가 그린 수산나는 벗은 몸을 하고 있지만 보는 이의 관음증을 유도하지 않는다. 불쾌하고 폭력적인 상황을 거부하는 몸짓을 하며 곤혹스러운 표정을 짓고 있기 때문이다. 두 작품의 우위를 논하는 것은 의미 없겠으나 틴토레토가 남성 화가이고, 젠틸레스키가 여성 화가라는 점은 꽤 의미 있는 차이일 것이다.

젠틸레스키는 여성이 미술 교육을 받을 수조차 없던 시대에 매우 이례적인 존재였는데, 만약 아버지와 남편이 화가가 아니었다면 애초에 불가능했을 일이다. 아버지에게 그림을 배웠고, 다소 실력 없는 남편을 대신해 생계를 꾸려야 하는 상황 덕분에 화가로서 활발하게 활동할 수 있었다. 그런데 이의를 제기할 수 없는 압도적 실력으로 17세기 유럽 화단을 휘저은 젠틸레스키에 대한 평가는 '회화를 아는 유일한 여성'이라는 데 그쳤다. 물론 당대로서는 최고의 극찬이었다. 이후 수세기 동안 여성 예술가들에게 내려지는 최상의 평가이기도 했다.

1990년대까지 한국 사회에서 공공연하게 사용하던 '여류'라는 표현도 마찬가지다. 여성이지만 예술을 할 줄 아는, 예술을 하지만 여성이라는 한계가 있는…… 등등의 의미가 함축된 수식어로 주류가 될 수 없는 특정한 지류에 갇힌 예술이라는 뜻으로 사용되었다. 문학청년에 대비되는 '문학소녀'라는 표현 역시 여성의 예술가적 소양을 축소하고 폄하한다는 혐의가 짙다.

젠틸레스키만큼이나 불가능의 시대에 맞서 예술가로 살았고 한국 예술사에 한 획을 그은 나혜석(1896~1948)과 전혜린(1934~1965)은 상당히 오랫동안 이질적인 존재 또는 '나쁜 여자'라는 이미지로 소비되었다. 전혜린은 '자의식 과잉, 지적 허세로 뭉친 미숙한 문학소녀'의 아이콘으로 조롱받아왔으며(김용언, 『문학소녀』, 반비, 2017), 한국 최초의 여성 서양화가이자 문인인 나혜석은 작품보다는 이혼과 불륜이라는 개인사로 더 유명했다. '여류'라는 지칭은 이들의 작품 자체를 가려버렸다.

2020년 봄, 런던 내셔널 갤러리에서 젠틸레스키의 대규모 회고전이 열렸다. 최근 급부상한 페미니즘 이슈가 최초의 여성주의 화가를 소환해냈다는 설명이 잇따랐다. 불필요한 부연 설명일지 모른다. 걸출한 작품을 낳은 위대한 바로크 화가가 타계한 지 360여 년 만에 '첫' 회고전으로 조명된다는 사실이 오히려 놀랍다.

서발턴은 말할 수 있는가

19세기 초반에 공식적으로 폐지된 인도의 장례문화가 있다. 과부가 된 여성이 남편의 주검이 놓인 장작더미에 스스로 올라가 함께 화장되는 사티sati라는 풍습이다. 남편에 대한 정조와 충성을 죽음으로써 증명하는 이 행위는 2000년 이상 계승된 전통으로, 사티를 행한 여성에게는 고결한 자기희생을 기리는 기념비가 세워졌다. 영국은 식민지 인도의 이 같은 풍습이 비윤리적이라는 이유로 폐지를 종용했다. 독립 후 40년이 지난 1987년에야 인도 정부에서도 이를 불법으로 규정했지만 여전히 사라지지 않는 풍습으로 남아 있다.

사티에 대해 널리 알려진 설명인데, 여기에는 사실과 주장이 섞여 있다. 인도 민중에게 깊이 뿌리내린 풍습이라는 사실과 여성의 자발적 선택이었다는 주장, 불길에 휩싸일 뻔한 여성의 목숨을 일부라도 구할 수 있었다는 사실과 그러므로 야만을 다스린 식민 통치가 정당했다는 제국주의의 주장. 그런데 이상한 점은 당사자인 여성의 입장은 정작 어디에도 없다는 것이다. 가야트리 스피박Gayatri Chakravorty Spivak이 1988년에 발표한 논문 「서발턴은 말할 수 있는가Can the Subaltern Speak?」는 바로 이를 묻고 확인한다.

우리말로 '하위 주체'라고 번역되는 '서발턴'은 사상가 안토니오 그람시에 의해 '지배계급의 헤게모니에 종속된 모든 사회집단'을 가리키는 이론적 개념으로 사용되었다. 한발 더 나아가 1980년대 초 인도의 역사학자들은 서발턴은 엘리트를 제외한 나머지 민중people을 가리키며 권력관계에서 종속적 위치에 있으나 그것에 저항하는 특징을 갖는다고 정의했다. 학자들은 영국 식민 통치 기간에 일어난 무수한 농민 봉기를 서발턴으로서의 저항으로 봤고, 농민들을 '역사의 주체'로 재조명했다. 농민들 대부

오늘날의 서발턴은
민중이라는 단일한
계급에 묶이지 않는
국적과 젠더와 인종과
경제적 계층구조 등
다양한 차원에서
차별받는 존재들이다.

인도 메랑가르 요새의 벽에는 사티 풍습에 희생된 여성의 핸드 프린팅이 남아 있다.

분이 문맹이었으므로 스스로 남긴 기록이 거의 없었기에 학자들은 식민지 당국과 경찰이 남긴 기록 속에서 농민들의 행적을 찾아내 그들의 저항을 복원했다. 그런데 이것이 진짜 농민들의 목소리일까? 이런 문제 제기는 농민 봉기가 뚜렷한 저항의식에서 비롯된 것인지 아닌지를 따지자는 말이 아니다. 그들은 왜 역사의 주체이면서도 말하기의 주체가 되지 못했는가, 스스로 말하지 못하고 누군가에 의해 규정당하는 존재라면 과연 '주체'라고 할 수 있는가, 스피박의 질문은 이것이었다. 하물며 농민보다 더한 억압 속에 살았던 여성 서발턴들은 이중의 침묵을 강요받으며 수세기 동안 죽어갔다.

스피박은 지식인의 임무는 서발턴들이 자기 목소리를 갖도록 돕는 것이라고 강조했고, 지식인이 아닌 서발턴의 입장에서 말하기, '서발턴 되기'를 학문의 목표로 삼겠다고 했다. 그러나 20여 년 후에 부단히 노력했으나 유럽에서 공부한 지식인인 자신이 인도의 하위 계층을 온전히 대변하는 일은 불가능하다고 정정한다. 스피박의 이 같은 성찰은 또 한번 질문을 던진다. '서발턴은 말할 수 있는가?'

더욱이 오늘날의 서발턴은 민중이라는 단일한 계급에 묶이지 않는, 국적과 젠더와 인종과 경제적 계층구조 등 다양한 차원에서 차별받는 존재들이다. 달리 말해 우리 대다수, 바로 당신이 서발턴이다. 여전히 남은 문제는 '서발턴들이 자신의 언어로 자신의 존재와 역사를 말할 수 있는가'이다. 서발턴에게 침묵은 죽음이기 때문이다.

/ 이소영

참고 자료

프랜시스 보르젤로, 『자화상 그리는 여자들』, 주은정 옮김, 아트북스, 2017 | 로라 커밍, 『화가의 얼굴, 자화상』, 김진실 옮김, 아트북스, 2012 | 김용언, 『문학소녀』, 반비, 2017 | 가야트리 차크라보르티 스피박 외, 『서발턴은 말할 수 있는가?』, 태혜숙 옮김, 그린비, 2013

HOMO MEMORIS

04

감시자들

ON AIR 감시자들 20170906 / 그들의 공식 20171011

FRAMING

라이브 방송을 촬영하고 있는 BBC 웨일스 뉴스팀.

감시와 프레이밍

국립 5·18민주묘지에 잠든 유일한 외국인이 있다.

그는 독일 제1공영방송의 기자였던

위르겐 힌츠페터Jürgen Hinzpeter, 1937~2016다.

"한국 언론에서 거짓말하는 것을 알고 있었죠.

진실이 얼마나 위험한 것인지도…….

하지만 진실을 외면할 수는 없었습니다."

1980년 그가 광주에서 보고 들은 진실은 민주화를 부르짖는

시민들을 향한 계엄군의 집단 발포였다. 그러나 당시 한국

언론은 3일 동안 침묵하다 '광주 일원 데모사태'(《동아일보》, 1980년 5월 21일), '시위 선동 남파간첩 1명 검거'(《중앙일보》, 1980년 5월 24일), '극렬한 폭도들에 의해 호전되기는커녕……' (KBS 〈9시 뉴스〉, 1980년 5월 27일) 등과 같이 보도했다.

그는 목숨을 걸고 감시자의 길을 택한다.
제2차 세계대전 당시 독일인의 만행처럼
5·18도 반드시 '기억'해야 하기 때문이다.
덕분에 광주의 진실은 전 세계로 그리고 지금 우리에게로 전해졌다.

'나치 정권의 나팔수'였던 뼈아픈 과거를 딛고 공영방송 체제를 구축한 독일인들. 그들은 정치와 자본에서 독립해 공공의 이익을 대변하는 공영방송을 지키기 위해 국민이 '감시자'가 되었다. 다양한 국민 대표로 이루어진 이사회에서 사장을 선출하고 방송 내용을 감시 감독한다.

그러나 유신 정권 시절 공영방송이 도입된 우리나라는 지금까지도 독립성과 공정성에 대한 논란이 계속되고 있다. 가장 큰 논란 중 하나는 '전원 구조'라는 오보를 낸 2014년 세월호 참사 보도다. 보도에는 그들 나름의 공식이 존재한다.

현장에 방문한 대통령이 스크린 설치를 지시하고 박수를 받는 모습은 보도하지만, 더딘 구조에 항의하는 가족들의 모습은 배제한다(선택selection).
해경의 구조 실패나 청와대의 긴급재난 대응 부재 등 정부를 비판하거나 책임을 묻는 뉴스는 사라진다(무시ignorance).
그리고 세월호 참사의 원인을 선장과 선원의 유기 행위, 유병언 일가의 탐욕으로 돌린다(강조salience).
그 결과 권력이 원하는 특정한 방향대로 뉴스가 보도된다(프레이밍framing).

선택+무시+강조=프레임

이로써 "세월호 참사는 언론 보도 참사"(김현석 KBS 기자)가 된다. 공영방송의 이사와 사장을 대통령이 임명하는 우리나라의 언론제도. 한국 공영방송의 오래 묵은 과제를 해결할 열쇠를 가진 독자에게 던져진 질문.

"감시자가 되시겠습니까?"

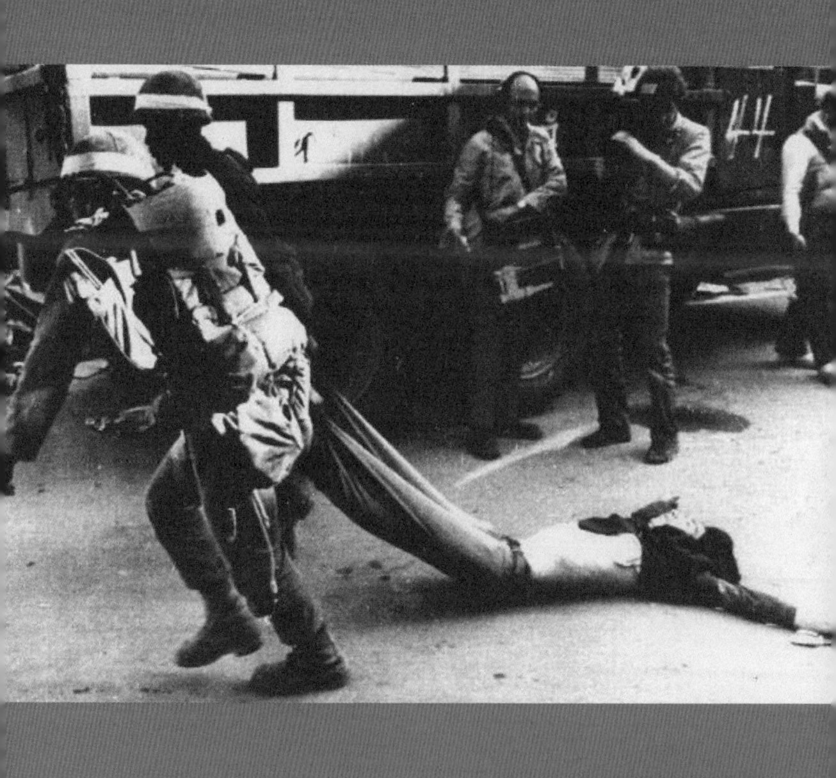

1980년 5월 광주 민주화운동 당시 무자비한 진압이 이루어졌다.

정치적 독립성을 위한 BBC의 투쟁사

세계의 대표적 공영방송으로 영국 BBC를 꼽는다. BBC가 공영방송의 대명사가 된 것은 100여 년이라는 오랜 역사와 함께 권력에 휘둘리지 않는 정치적 독립성과 어느 한쪽에 치우치지 않는 공평성과 공정성을 갖췄다고 평가받기 때문이다.

1922년 상업방송에서 출발한 BBC는 1927년 국왕에게 '칙허장Royal Charter'을 받으며 공기업이 되었다. 이때 BBC를 의회법이나 회사법으로 정하자는 의견도 있었지만, 영국 정부는 체신부 장관을 내세워 '칙허장'과 '면허협정서'로 공영방송을 제도화한다. 이로써 의회의 간섭은 배제할 수 있으나 정부의 간섭을 받을 여지는 남았다. BBC가 면허협정서의 조항을 제대로 이행하지 못한다고 판단하면 정부는 마음대로 칙허장을 개정할 수 있기 때문이다.

BBC의 초대 사장 존 리스가 "방송은 부유한 사람이나 가난한 사람이나 평등하게 향유할 수 있는 서비스"라고 정의했고, BBC는 100년간 이 이념을 계승하고 있다. 이로써 BBC의 역사에서 정치적 독립성을 위한 투쟁은 필연이 된다.

BBC가 정부와 가장 많이 부딪친 부분은 전쟁에 관한 보도였다. 1956년 영국 총리는 BBC에 영국과 프랑스가 이집트를 공격해서 수에즈운하를 점령해야 하는 당위성을 보도해달라고 요청한다. 다음 날에는 야당 대표가 수에즈운하 점령에 반대하는 이유를 방송해달라고 부탁한다. BBC는 공정성의 원칙에 따라 두 입장 모두를 보도했다. 그러자 정부와 여당은 BBC가 국익을 외면한다고 비판했고, BBC와 정부는 갈등하기 시작했다.

1982년 포클랜드섬을 놓고 영국과 아르헨티나가 영토 분쟁을 벌이던 중 아르헨티나의 침공으로 전쟁이 발발했다. 전쟁 당시 보수당 정부는 마거릿 대처 총리의 업적을 다룬 특집 프로그램을 방송하라고 했지만, BBC는 이를 거절한다. 게다가 전쟁 보도에서 '우리 군대'나 '우리 함대'라는 표현을 쓰지 않고 '영국 군대'나 '영국 함대' 또는 '영국 측'이라는 표현을 사용해 대처 총리와 여당의 비판을 받았다. 이에 BBC는 "객관적 보도 입장을 살리고 전 세계 시청자에게 의미상 혼란을 주지 않기 위해 '영국'이라는 표현을 쓴다"고 반박했다.

2003년 BBC의 한 프로그램에서 앤드루 길리건 기자가 이라크 전쟁에 관한 영국 정부의 문서가 조작되었다고 주장했다. 당시 노동당 블레어 총리는 길리건의 보도가 부정확하다며 반박했고, 설상가상으로 해당 보도의 정보원이던 켈리 박사가 자살하는 사건이 일어난다. 이에 청문회가 열렸는데, 사태의 거의 모든 책임이 BBC에 있다고 결론이 났다. 결국 BBC 사장과 경영위원장이

런던 BBC의 조지 오웰 동상과 건물 외벽에 새겨진 글귀("자유가 무엇인가를 뜻한다면 그것은 사람들이 듣기 싫어하는 것을 말할 수 있는 권리다").
조지 오웰은 1941년부터 1943년까지 BBC에서 프로듀서로 일했다.

GEORGE

사퇴하면서 정부에 굴복하는 듯한 모습을 보였다.

영국 내에서 BBC의 독립성이 훼손되는 것 아니냐는 우려가 커지기 시작했다. 이에 국민 여론을 수렴해 2006년 개정된 칙허장을 바탕으로 기존 경영위원회처럼 규제를 담당하는 'BBC 트러스트'와 경영을 담당하는 'BBC 집행이사회'로 나눈다. BBC 트러스트는 정부로부터 독립적인 위상을 부여받아 BBC의 독립성과 민주적 통제를 구현했다고 평가받았다. 그러나 2016년 보수당 정부에 의해 개정된 칙허장에 따르면 BBC의 반대에도 BBC 트러스트를 폐지해 BBC 이사회가 경영을 담당하고, 우리나라의 방송통신위원회 격인 오프콤Ofcom이 규제하도록 했다. 이렇게 바뀐 구조에서 BBC가 어떻게 독립성을 지켜나갈지 세계가 주목하고 있다. BBC는 오늘도 투쟁 중이다.

미디어 리터러시:
미디어의 생산과 소비 그리고 교육

일반적으로 리터러시literacy를 '읽고 쓰는 능력'이라 정의한다.

그러므로 미디어 리터러시는 '미디어를 읽고 쓰는 능력', 즉 미디어를 이해하고 활용하는 능력이다. 미디어 리터러시라는 용어는 1930년대 신문과 방송 등의 매스미디어가 등장하면서 쓰기 시작했다. 매스미디어의 영향력이 막강하기 때문에 그 내용을 비판적으로 이해하고 수용하는 것, 즉 미디어 리터러시를 갖추는 것이 중요하게 여겨졌다.

그런데 최근에 미디어 리터러시가 다시 주목받고 있다. 미디어 관련 전문가들은 현대사회에서 미디어 리터러시가 과거보다 비교할 수도 없이 중요해졌다고 강조한다. 이는 통신 기술의 발달로 미디어의 수가 기하급수적으로 늘어났고, 그만큼 미디어에 대한 의존도가 높아졌기 때문이다. 그러나 정작 중요한 점은 인터넷을 비롯해 새로 등장한 미디어들이 커뮤니케이션의 방식 자체를 획기적으로 바꿨다는 데서 기인한다.

인터넷(또는 인터넷을 기반으로 한 SNS, 블로그, 모바일 메신저 등의 서비스) 등 뉴미디어의 가장 큰 특징은 '상호작용성'이다. 덕분에 과거 미디어의 수용자(소비자)였던 일반인들이 손쉽게 미디어 콘텐츠를 생산하고 유통하는 데 기여하게 되었다. 사람들은 직접 만든 콘텐츠를 온라인 게시판에 올리고 댓글을 달며 의사표현을 한다. 마음에 드는 콘텐츠는 링크를 공유하거나 리트윗하고 '좋아요'를 누르거나 추천한다. 이로써 기존의 미디어 생산자와 수용자의 경계가 무너지고, 콘텐츠 '생산자producer'인 동시에 '소비자consumer'인 '생비자prosumer'가 등장했다.

이런 변화는 풀뿌리 민주주의의 발달과 정보의 민주화라는 긍정적인 효과를 가져왔지만, 여러 부작용도 생겨났다. 많은 사람이 정보 생산에 참여하고 언론사를 포함한 전문적 콘텐츠 생산 조직이 늘어나면서 정보가 과잉 생산되고 있다. 또 그 정보 중에는 그저 이목을 끌기 위한 자극적이고 선정적인 내용과 전문성이 결여된 콘텐츠가 많다. 검증되지 않은 정보가 무분별하게 생산, 유통되면서 '가짜 뉴스'의 폐해가 사회문제로 대두되었다.

앞으로 우리에게 요구되는 능력은 유해하고 정확하지 않은 정보는 차단하고, 자신에게 필요하고 신뢰할 만한 정보를 빠르게 찾아 적절히 활용하며 나아가 창조적으로 생산할 수 있는 능력이다. 미디어 리터러시 교육이 바로 이런 능력을 길러준다.

전문가들은 미디어 리터러시 교육이 체계적이고 장기적으로 교육 전반에서 이루어져야 한다고 말한다. 그러나 아직까지 우리의 미디어 리터러시 교육은 미디어 교육에 관심 있는 일부 시민단체나 국어 교사가 '미디어의 이해와 활용' 또는 '가짜 뉴스 분별하는 법'을 가르치는 정도의 일회적인 시도에 머무르고 있다.

교육 강국으로 알려진 핀란드의 미디어 리터러시 교육은 우리에게 유용한 시사점을 준다. 핀란드는 초등학교 3학년부터 미디어에서 필요한 자료를 찾아 글로 쓰고 말하게 한다. 학생들은 시사나 지역사회와 국가의 문제를 주제로 의견을 피력하고 토론한다. 다음으로 선생님과 지역사회 미디어 종사자와 함께 뉴스를 직접 제작하는 교육을 한다. 뉴스를 직접 제작해봐야 뉴스에 대해 평가하고 분별력을 키울 수 있기 때문이다. 마지막으로 같은 사건에 대한 다양한 관점의 뉴스를 비교 분석하고 토론하는 교육을 한다. 무엇보다 그들은 미디어 리터러시를 교육과정에 포함시킨다. 2016년에는 미디어 리터러시와 뉴스 리터러시를 통합한 멀티 리터러시를 도입해 미디어 리터러시 교육을 더욱 강화했다.

/ 김정은

참고 자료

하라 마리코, 시바야마 데쓰야 엮음, 『공영방송의 모델, BBC를 읽다』, 안창현 옮김, 한울아카데미, 2016 | 박진우, 「BBC의 지배구조 변화를 통한 정치적 독립성에 대한 고찰」, 한양대학교 대학원 미디어커뮤니케이션학과 석사학위 논문, 2012 | 「공영방송 롤 모델, BBC가 달라졌다」, 《미디어오늘》, 2017년 4월 21일 | 안정임, 「디지털 커뮤니케이션과 미디어 리터러시: 의미와 연구 방향의 모색」, 《교육정보방송연구》 8호, 2002 | 양정애, 「미디어 리터러시란 무엇인가?」, 계간 웹진 《미디어리터러시》 창간호, 2017 | 심미선, 「미디어 리터러시 교육 강국 핀란드」, 계간 웹진 《미디어리터러시》 3호, 2017 | 「그래서 미디어 리터러시 교육이 필요합니다」, 《한겨레신문》, 2018년 9월 11일

HOMO MEMORIS

05

꿈꾸는 자의 벽

ON AIR 꿈꾸는 자의 벽 20191203 / 우리는 서로의 용기다 20181022

모두 같이 꾸는 꿈

'프라하의 봄'을 빼앗기고 20번의 겨울이 흘렀다.
1989년 시민들은 비폭력 무혈혁명으로 다시 일어섰고,
체코슬로바키아 공산 독재 정권이 결국 무너졌다. 머지않아
소련도 해체한다. 뒤를 이어 체코와 슬로바키아가 분리
독립하고 아무 분쟁 없이 서로의 갈 길을 축복했다. 이처럼
평화롭고 부드러운 전례가 있었던가? 세계사는 이 과정을
'벨벳혁명' 또는 '벨벳이혼'으로 기록했다.

1997년 홍콩이 중국에 반환되었다. 그러나 서로 다른 꿈,
50년간 유지가 약속된 일국양제一國兩制의 불안한 동거.

하나의 꿈이 다른 꿈을 한낱 몽상으로 밀어붙인다.

그때 벽이 다시 나타났다. 체코와 슬로바키아가 같이 꾸었던 꿈의 기록, '레넌 벽'이다.

1980년 몽상가라 불리던 서구의 가수가 피살당했다. 반전과 평화를 꿈꾸는 그의 노래에서 잃어버린 봄을 위로받고 다시 상상할 힘을 얻은 동구의 청년들은 그를 추모했다. 프라하 외딴곳 휑한 벽에 그의 얼굴을 그리고 노랫말을 적었다. 당국은 좌시하지 않았다. 접근 금지. 청년들을 몰아내고 벽을 덧칠했다. 그러나 다음 날이면 또다시 자유와 저항의 메시지로 가득했다. 그렇게 반복되기를 몇 해. 낙서조차 용납하지 않는 정권에 시민들은 점차 분노했고 벽으로 운집했다. 레넌 벽은 벨벳혁명의 출발선이 되었다.

2014년과 2019년 홍콩에서는 자유의 열망을 담은 색색의 종이들이 빼곡하게 붙으면 어디든 레넌 벽이 되었다.
꿈에는 국경이 없으므로 홍콩의 꿈은 프라하의 레넌 벽에도, 전 세계 곳곳 도심 한복판에도 흘러들었다.
함께 꿈꾸는 자들이 벽을 세운다. 꿈을 일으킨다.
이 꿈은 몽상일까?

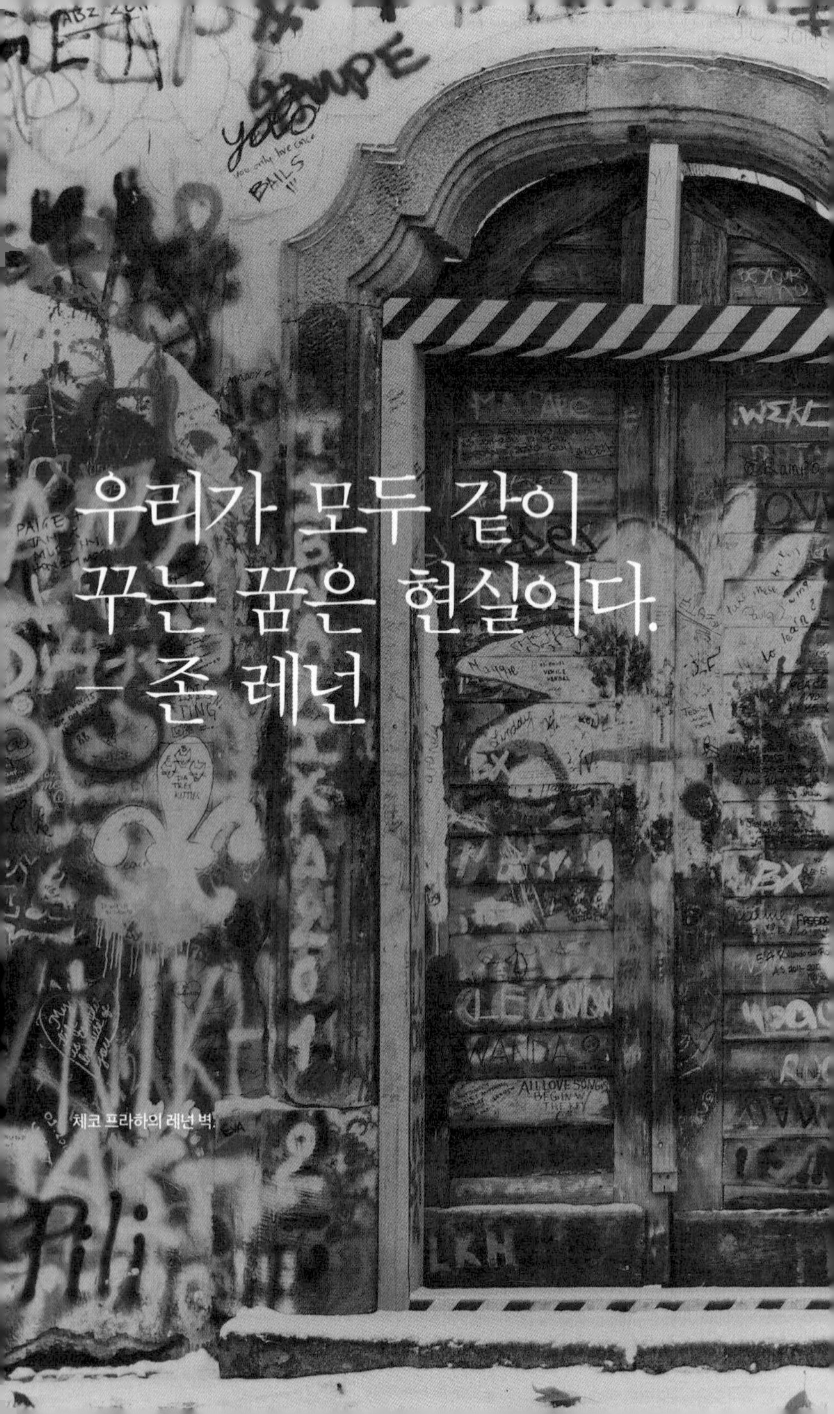

우리가 모두 같이
꾸는 꿈은 현실이다.
— 존 레넌

체코 프라하의 레넌 벽.

R.I.P
JACK
CALVIN JALANDONI
TWO THOUSAND AND TWELVE
IT TURNS ME ON
ALL YOU NEED IS LOVE
EMILY
VIEIRA

우리는 서로의 용기다

교사의 성희롱이 존재하는가?

'그렇다' 40.9퍼센트

'직접 경험한 적이 있다' 27.7퍼센트

— 국가인권위원회 고교 성희롱 실태 조사 결과 발표(2018년 5월)

우리는 그렇게 생각하고 느낀다. 생각과 느낌에는 이유가 있다. 문제의 교사, 문제의 학교는 이유를 이해하거나 존중하지도 않으면서 근절을 약속한다. 그래서 문제는 문제로 남는다.

교사가 되기 위해 의무적으로 배워야 하는 과목 어디에도 '성평등'은 없다. 교사가 되고 나서도 '성범죄 신고 의무'를 지키지 않는다. 성비위로 징계를 받아도 38퍼센트는 다시 교단으로 돌아온다(2017년 10월 기준).
그런데 그들이 우리를 이해할 수 있을까? 달라질 수 있을까? 낙후한 성감수성, 교사와 학생의 위계구조, 학교의 폐쇄성은 상수다. 우리의 침묵도 상수였는지 모른다.

왜 적극적으로 대응하지 못했나?
'어떻게 해야 할지 몰라서' 26퍼센트
'진학 등에서 불이익을 당할 수 있어서' 21.9퍼센트
'학생들에게 알려질 수 있어서' 15.5퍼센트

—국가인권위원회 고교 성희롱 실태 조사 결과 발표(2018년 5월)

변화는 행동하는 변수가 만든다. 졸업생이 나서자 재학생이 호응했다. 이 학교의 고발을 저 학교의 학생이 지지했다. 산발적으로 튀어나온 우리의 행동은 이내 해시태그(#)로 묶였다.
"교내의 고질적인 성희롱과 성추행 문제를 공론화하겠다." 어느 중학생의 140자 SNS 메시지에 대한 폭발적인 응답들.

#스쿨미투는 일주일 만에 전국 60여 개 학교로 확산되었다. 관련된 트윗 수가 300만 건을 넘었다. 익명성과 확장성은 우리를 보호하는 강력한 수단이었다.

우리는 이제 어떻게 해야 할지 알 것 같다. 학업이라는 본분으로 요구받듯 우리는 서로의 경쟁자만은 아니다.

#우리는_서로의_용기다

#MeTo

벽, 대자보, 포스트잇
그리고

1968년 소련에 저항하던 체코슬로바키아 곳곳에는 '저항 십계명'이 붙었다. 마지막 계명은 항상 대문자로 썼다. '우리는 잊지 않을 것이다.'

잊지 않기 위해서는 기억의 매개체가 필요하다. 1980년 존 레넌의 죽음과 그가 남긴 노래 〈Imagine〉이 그 역할을 했다. 당시 공산 정권은 존 레넌의 초상을 그리며 벽을 통해 저항하던 젊은 이들을 '레넌주의자'라고 불렀다. 알코올중독자부터 서구 자본주의의 간첩까지 다양한 의미를 내포한 명칭이었다. 1989년 벨벳혁명 성공 이후 '레넌 벽'은 관광 명소가 되었고, 혁명 기념비는 전 세계인의 자유로운 낙서판으로 쓰였다. 2014년 벨벳혁명 25주년에 한 행위예술가는 벽을 하얗게 칠하고 존 레넌의 노래 〈War is over(전쟁은 끝났다)〉를 패러디해 ' Wall is over'(벽은 끝났다)라고 적기도 했다.

그러나 벽이 지닌 상징성은 그후로도 유효하다. 2016년 11월에는 한국 사회를 뒤흔든 구호 '하야'가 등장했다. 2019년 4월 22일

지구의 날에는 '기후 위기'가 적혔고, 7월에는 송환법 반대 시위를 하다 추락 사망한 홍콩 시민을 추모하는 그림이 그려졌다. 코로나19가 전 세계를 뒤덮은 2020년 4월에는 존 레넌의 얼굴에 비틀스의 노래 〈All you need is love〉의 가사가 적힌 마스크가 씌워졌다.

프라하의 레넌 벽은 전에 없던 현상이나 문화가 아니다. 체코슬로바키아 '저항 십계명'의 확장판이기도 하고, 우리 식으로는 1980년대 대학가에 넘쳐나던 대자보이기도 하다. 대자보大字報라는 명칭의 기원은 중국 춘추전국시대로 거슬러 올라가지만, 문화혁명의 선전 도구로 쓰이면서부터 현대적 의미를 갖게 되었다. 영어 사전에도 일반명사 'dazibao'로 올라 있다. 한국에서는 저항의 의미가 더욱 강하다. 화장실에 반정부 낙서만 써도 문제가 되던 유신 시대를 지나 언론 탄압이 극에 달했던 1980년대, 대자보는 속보 전달부터 선전 선동까지 두루 담당하는 유일무이한 매체였다. 1990년대를 지나면서는 그 기능과 정신이라고 할 만한 것들이 PC통신과 모바일로 이전되거나 소멸했다.

일시적이나마 형태로서 복원되기도 했다. 2013년 12월 10일 대학생 주현우 씨가 학교 후문 게시판에 붙인 대자보. '안녕들 하십니까?'로 시작해 한 자 한 자 공들여 손으로 써내려간 대자보는 온라인에는 없던 진정성과 호소력을 얻었고, 이내 대학가를 넘어 사회 곳곳으로 퍼졌다. 겨우내 초등학생부터 국회의원까지, 사적인 고백부터 국정 홍보까지 '안녕들 하십니까?'를 첫머리로 삼은 대자보를 썼다.

안녕하지 못한 시대의 안녕을 물은 대자보가 현상이었다면, 모바일 시대를 관통해 하나의 문화로 자리 잡은 것은 '포스트잇post it'이다. 2016년 5월 강남역 10번 출구, 이어 구의역 9-4 승강장 스크린도어를 뒤덮은 포스트잇은 한국 사회의 가장 뜨거운 이슈들에 가장 적극적인 의사표시와 강력한 공감의 매개체였다. 2018년 미투Me Too운동에서도, 2014년에 이은 2019년 홍콩의 민주화운동에서도, 그것을 지지하고 연대하는 전 세계 레넌 벽들에서도 마찬가지였다. 한 곳에 집중적으로 또는 여러 곳에 분산해서 붙일 수 있고 SNS에 활용하기에도 최적화된 형태. SNS에서는 해시태그가 접착제 역할을 한다. '#'는 다시 물리적 세계의 벽, 대자보, 포스트잇에서 소통, 지지, 연대를 상징하는 기호로 쓰인다.

해시태그 행동주의:
현실의 벽을 넘을 수 없을까?

2014년 행정장관 간선제, 2019년 송환법, 2020년 홍콩 국가보안법까지, 사실상 일국양제의 폐기로 읽히는 중국의 정책들이 홍콩에 미친 영향을 전 세계에 타전한 것은 소셜 미디어였다. 가장 열성적인 메신저는 SNS가 일상인 청년 세대, 1997년생 반환둥이들이었다.

미국 워싱턴 D. C.에서 베트남전쟁 반대 이후 가장 큰 규모로 열린 청년 시위인 2018년 3월 24일 '우리 생명을 위한 행진March For Our Lives'에서 80만 행진을 이끈 지도부는 한 달 전 총기 난사가 일어났던 고등학교의 생존 학생들이었다. 이들이 #Me_Next?로 시작한 해시태그 행동은 전미총기협회NRA 관련 기업 불매운동으로까지 이어졌다. 누대에 걸친 총기 사고와 비난 여론에도 불구하고 어떤 세대도 이만한 행동력을 보여주지 못했다. 비슷한 시기 인도와 방글라데시에서는 조혼 풍습 철폐, 페루에서는 노동력 착취 악법 폐지, 한국에서는 스쿨미투가 기성세대를 향한 호소와 탄원을 넘어 행동으로 진화했다.

SNS는 밀레니얼 세대와 Z세대가 자연스럽게 습득한 일상의 언어이자 저항의 무기, 연대의 방식이다. 묵직한 정치·사회 이슈에도 무겁지 않게 참여할 수 있다는 게 강점이다. 그러나 딱 그만큼의 행동으로 자기만족을 얻는 행동이라는 비판이 공존한다. 2010년 말 튀니지 재스민혁명에서 시작된 통칭 '아랍의 봄'에서 '좋아요'와 '공유', '해시태그'는 아랍 민주화운동의 든든한 지원군이었다. 성공과 실패를 떠나 SNS 참여를 통한 성취의 경험이 남았다. 그러나 2014년 #Bring_Back_Girls의 경험은 사뭇 달랐다. 반군에 납치된 나이지리아 여학생들의 무사 귀환을 기원하고 촉구하는 이 해시태그 운동에는 당시 미국 영부인 미셸 오바마와 영국 총리 데이비드 캐머런까지 동참해 분위기를 고양시켰다. 하지만 세계 여론을 등에 업은 나이지리아 군부 정권이 반군 진압을 핑계로 민간인을 학살하는 일이 비일비재하다는 현실은 언급조차 되지 않았다. 이에 한 나이지리아계 언론인은 "친애하는 세계인이여, 당신의 해시태그는 소녀들을 집으로 데려올 수 없습니다"라고 일갈했다. 클릭이 전부Clicktivism인 게으른 손가락 행동Slacktivism은 더 큰 현실 앞에서 무지하거나 무력해지기도 한다. 현실 행동으로 이어졌다 해도 단번의 클릭으로 성취를 이루어내기는 힘들다.

2018년 청년들의 행진은 총기 규제를 미국 사회 최대 이슈로 만들었지만, 오히려 2020년에 대규모 총기 규제 반대 시위가 일었고 4월 한 달간 사상 최대치의 총기 구매가 발생했다. 2017년에 일어난 #Me_Too 역시 구체적으로 제도와 문화를 바꾸는 데 고전하고 있다. 2020년 코로나19 상황에서도 격렬한 오프라인 시위를 끌어낸 #Black_Lives_Matter는 2014년의 해묵은 해시태그이자 거리의 구호기도 했다. 해시태그 행동은 현실의 벽을 넘을 수 없을까?

판단하기는 이르다. 2006년 성범죄에 취약한 유색인종 여성 청소년을 위해 시작한 미투운동은 해시태그 이전에는 의미 있는 진전을 이루어내지 못했다. 2020년 흑인 조지 플로이드의 죽음은 수십 년간 반복된 일이었다. 그때마다 억울함을 호소하고 분노를 표출했지만 한때의 소동으로 끝났다. 반복 등장한 해시태그는 그것이 백인 중심의 제도와 문화, 인종차별에 맞서는 사회운동으로 조직화되었다는 증표이기도 하다. SNS 해시태그가 등장한 지 10여 년, 해시태그 행동주의Hashtag Activism는 이제 시작이다.

/ 이소영

참고 자료

유승찬, 『메시지가 미디어다』, 나무바다, 2018 | EBS 특별기획 〈미투, 생존자들의 목소리〉, 2018

PART

2

선택의 기록

HOMO MEMORIS

완전한 기록 | 우리가 실패를 기억하는 방법 | 감시 사회

가려진 시간 | 내 이름을 묻지 마세요

HOMO MEMORIS

06

완전한 기록

ON AIR 20170330

모든 역사는 제멋대로다.

Детское
1990-2001, 2004
1990
1-30
Д февраль
1993

1995
1995

공평하고 정확하며 객관적인 기록이라는 신화

1895년 영국 케임브리지대학교에서 근대사 편찬을 담당한, 당대 가장 많이 배운 영국인 역사학자 존 액턴John Dalberg-Acton, 1834~1902. 그에게 완전한 기록을 남길 기회가 왔다.
그는 동료 편집자들에게 "우리의 워털루 전투는 프랑스인, 영국인, 독일인, 네덜란드인을 다 같이 만족시킬 수 있어야 한다. 필자 목록을 들춰보지 않고서는 누가 어디에서 펜을 놓았는지, 그 펜을 집어 든 사람이 누구인지 알 수 없어야 한다"고 요구했다.
워털루에서 승리한 영국과 독일뿐 아니라 패배한 프랑스까지 만족할 공평한 기록. 집필자의 국적과 종교관으로부터 독립된 정확한 기록이어야 했다.

가능한 모든 자료를 구할 수 있고 어떤 문제도 해결 가능한 시기, 지금이 가장 좋은 기회다. 공평하고, 정확하고, 객관적으로 기록해야 한다. 기록자의 주관은 철저히 배제한다. '사실'은 그 스스로 말할 테니까. 사실만이 역사의 토대이며, 사실로 쌓은 역사만이 '완전한 기록', '완전한 역사'다.

그러나 뭔가 잘못되어갔다. 작업이 계속될수록 객관성에 대한 강박은 그에게 역사학자가 아닌 백과사전 편찬자가 되라고 위협했다. 이런 괴로움도 그의 노력을 꺾지 못했다. 그렇게 7년이 흐르고 1902년 6월 19일, 완전한 기록을 남기려던 액턴은 단 한 권의 역사서도 만들지 못한 채 뇌졸중으로 세상을 떠난다.

"모든 역사는 제멋대로다. 역사학자들이 완벽히 과학적인 관점에서 객관적인 역사서를 저술하는 것은 불가능한 일이다."

그의 사후 출간된 '케임브리지 근대사 총서'(1902) 서문에 남겨진 기록이다.

랑케와 실증주의 역사학

독일의 역사학자 랑케Leopold von Ranke, 1795~1886는 역사적 실증주의Historical Positivism를 확립했다.

"지금까지 역사에는 과거를 판단하거나 윤택한 미래를 위해 교훈을 제공하는 기능이 있었다. 이 책은 이런 고상한 과업을 달성하려는 것이 아니라 단지 그것이 진실로 어떠했는가를 보여주려고 할 뿐이다."

1824년 출간한 『라틴과 게르만 여러 민족의 역사 1494~1514 Geschichten der romanischen und germanischen Völker von 1494 bis 1514』 서문의 한 구절이다. 랑케는 역사가의 1차 임무는 과거 사실이 진실로 어떠했는가를 밝히는 작업이라고 했다. 역사가는 일체의 주관적 판단을 배제한 객관적 상태에서 비판적 방법을 통해 사료에 담긴 사실을 밝혀야 한다고 본 것이다. 그는 철저히 실증적인 자료를 바탕으로 과거 사실을 객관적으로 정리하고 기술했다. 이런 실증주의적 연구 방법은 역사학이 비전문성과 교양 수준을 넘어 하나의 학문으로서 과학성을 갖추려는 노력의 일환이었다.

랑케는 『라틴과 게르만 여러 민족의 역사 1494~1514』에서 처음으로 엄격한 사료 활용의 기준을 제시했다. 1차 사료는 사건과 1차 관계를 맺고 있는 사건 당사자, 참여자, 목격자의 기록으로 가장 신뢰할 만한 단서와 증거라고 판단했다. 또 역사 연구 자료를 정부에서 발행하는 공식 문헌들로 한정했다.

랑케는 역사가의 오류와 편견을 극복하기 위해 언어를 비판적으로 분석했는데, 언어 분석은 사료의 의도적 실수와 무의식적 결함 그리고 글의 부정확성과 문법적 오류 등을 제거해 사료의 신뢰도를 높이고 내용을 분명하게 이해하도록 도와주었다.

또한 랑케는 세미나를 통한 비판적 방법을 역사학에 처음으로 도입해 베를린대학교에서 강의하던 1834년부터 1871년까지 세미나를 열었다. '역사 탐구'라 불리던 세미나에서는 사료를 비판하고 분석해 저자의 저술 의도나 목적을 알아내어 오류와 편견을 최대한 배제했다. 학생들은 특정 주제를 연구해 교수와 학생들 앞에서 그 결과를 발표하고, 발표 후에는 참석한 학생들이 탐구 주제와 탐구 대상에 사용된 사료의 신빙성 등에 대해 분석하고 비판했다. 교수는 강평을 통해 왜곡되었거나 도외시된 부분을 지적했는데, 이런 과정을 거치며 과거 사실은 오류와 편견에서 최대한 벗어나게 되었다.

랑케의 실증주의적 역사학은 과거 사실의 절대성과 객관성뿐 아니라, 사료의 저자와 연구자가 오류와 편견을 극복하는 방법을 제시해 역사 연구의 기본 방법론으로 여전히 활용된다. 근대 역사학의 아버지 랑케는 현재까지 살아 있는 역사가로 남았다.

국가기록원, 기록문화를 계승하다

조선왕조실록朝鮮王朝實錄은 세계문화유산에 등재된 기록유산이며, 기록 과정에의 진실성과 신빙성을 높게 평가받는다. 역사 기록을 담당한 사관史官은 직업상의 독립성과 서술 과정의 비밀성을 보장받았다. 사관은 국정에 관한 모든 회의에 참석해 왕과 관리들이 논의하는 국무 내용을 상세히 기록했는데, 아무리 왕이라 해도 사관의 기록을 함부로 열람할 수 없었으며, 사초의 내용을 발설한 사관은 중죄로 처벌했다.

실록은 사관이 기록한 기초 자료인 사초史草와 시정기時政記를 토대로 선왕의 사후에 후대 왕의 명으로 편찬되었다. 실록은 5부를 제작해 한양의 춘추관 외에 정족산, 오대산, 태백산, 적상산에 4대 사고史庫를 만들어 보관했다. 예기치 않은 사태에서 역사 기록을 보존하기 위한 방책이었다. 태백산 사고에는 조선 태조부터

暴惡在下者必凌慢其上慶尙道古稱淳厚之地而亦爲頑暴慶州府尹吳準專不治事或云以老病而然也或云以失職不得志而然也二者皆爲非矣一日有一官奴之子突入衙內辱毆凌辱云問其根因則此奴於吳準別無嫌怨而但其父官奴者欲爲老除而以其不坐故未得老除常懷憤恚之際聞吳準遞還卽發怒致辱云大抵官屬之人非不知守令之當尊而尙且如是至爲駭愕故觀察使已令推之矣然此最關風俗之事各別推鞫痛治何如大司諫沈連源曰帝王友愛之道於君德最大而後嗣所當法者也近來自 上友愛之情可謂至矣然先王之子孫不數接見似爲闕典也 上曰此言至當前則數爲接見近則連有災變且王子等或有受由者或有病患者不得數見耳○傳于政院曰慶州官奴凌辱吳準事至爲過甚當別遣京官推鞫但如此凶年似爲有弊令都事治之○諫院啓曰永興府使許寬前有所失(爲聖節使赴京時賻得寶弁以來)頗被物論非時特命敘用物情未便請改依允○癸亥 聽朝啓○甲子以權纉爲司憲府堂令李名珪爲弘文館應教林億齡爲副應教韓澍爲校理權轍爲修撰

朝講 上臨文曰人君所以立國者以其有紀綱也紀綱立然後朝廷有所尊嚴而百官奉行法令矣然則爲治者可不以紀綱爲先務乎領事尹殷輔曰夫紀綱者脉也國之所以爲國者以其有脉也爲人君者所當扶植也且爲觀察使者受國家方面重任豈不欲嚴明殿最考但其耳目有所不及故不得爲之耳守令之賢否雖或聞之而疑皆出於毀譽之言不可盡信故褒貶之際賢者或居下而不賢者反居上此無他所聞失實故也持平尹元衡曰凡褒貶或出於毀譽者果有之然其間雖分明當置下等而觀察使牽於情勢不敢下手此褒貶之所以爲不嚴也同知事黃憲曰監司周年間僅巡一二度入其境則田野闢入其邑則鋪陳器皿精加靜潔若問公事則善應答雖有貪殘之實何足以知之其間雖或有恭儉愛民之守令而見於外飾者若不治之則其實惠之薄於民者亦不得知也以此褒貶之得其實爲難也近來人心

철종까지 총 848책의 실록이 선조 39년인 1606년부터 1913년까지 300년 넘게 보관되어 있었는데, 사고는 불타고 터만 남았다.

일제강점기에 조선시대 및 이전 시기의 국가 기록은 조선총독부 산하 총무부 아래 설치된 문서과에서 담당했으나 실제로 문서과에서 모든 기록물을 관리한 것은 아니었다. 기밀문서와 전시 사무는 총독관방 비서과에서 담당했으며 내무부, 탁지부, 농상공부, 사법부 산하 서무과에서 해당 부의 문서 사무를 관장했다. 조선총독부 소속 관서에도 서무과를 설치했으며, 지방 관서 또한 서무과나 서무계를 설치해 기록물을 관리하는 전문기관을 별도로 두지 않고 행정기관별, 부서별로 기록물을 관리한 것이다.

1969년 총무처 소속의 '정부 기록 보존소'가 설치되었는데, 그 전까지 국가 기록 관리 체제는 일제강점기 조선총독부에서 만든 기록 관리제도로 유지되었다.

1999년 1월 29일 국가 전반의 기록을 체계적으로 관리할 수 있는 기본법인 '공공기관의 기록물 관리에 관한 법률'이 제정되었다가 2006년 '공공기록물 관리에 관한 법률'로 전면 개정되었다. 2004년 4월 정부 기록 보존소가 '국가기록원'으로 확대 개편되었고, 2007년에는 세종시에 대통령기록관을 개관했다. 국가기록원은 공공기관의 30년 이상 보존 가치를 지닌 기록물과 국가적으로 중요한 민간 소유 및 해외 소재 기록물을 수집해 과학적 방법으로 관리하고 있다. 국가기록원에 소장된 기록 정보는 국민 누구나 쉽고 편리하게 활용하도록 열람 서비스 체계를 갖추고 있다.

우리나라 기록 관리제도는 현재까지도 사초 작성 등의 기록 전통을 계승해 국무회의 등 주요 회의기구들은 사초처럼 회의록 작성이 의무다. '공공기록물 관리에 관한 법률'에 따라 최종 결재문서만 관리하는 것이 아니라 입안부터 기록으로 남기기 위해 검토서, 메모 보고 등도 모두 보존한다. 또 과거에 사초 누설이나 멸실을 참형으로 다스린 것과 같이 기록물 무단 파기 등에 형사 처벌을 하는 조항이 있다. 대통령 기록 무단 파기는 징역 10년 이하, 국무총리실 등 정부 기록의 경우 징역 7년 이하에 처한다.

/ 김은경

참고 자료

조지형, 『랑케 & 카』, 김영사, 2006 | 에드워드 카, 『역사란 무엇인가』, 김택현 옮김, 까치, 2015 | 김기봉, 『역사란 무엇인가를 넘어서』, 푸른역사, 2000 | 김헌기, 「역사주의 이데올로기와 역사학—랑케의 역사담론을 중심으로」, 《사림》 38권 0호, 2011 | 이기백·김기봉, 「"모든 시대는 진리에 직결되어 있다"—한국 역사학의 랑케」, 《한국사학사학보》 제14호, 2006 | 최호근, 「레오폴드 폰 랑케의 역사 내러티브」, 《역사학보》 제242호, 2019 | 김재순, 「국가기록의 발자취, 국가기록원의 역사」, 《대학원신문》, 2019 | 『국가기록원 40년사』, 국가기록원, 2009

HOMO MEMORIS

07

우리가 실패를 기억하는 방법

ON AIR 20180904

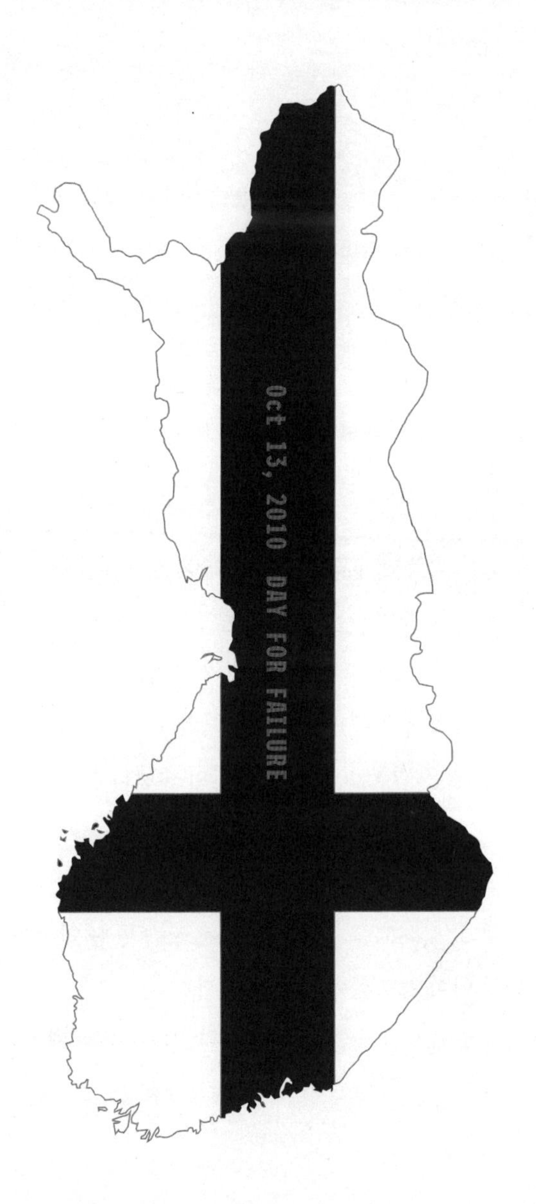
Oct 13, 2010 DAY FOR FAILURE

실패를 전시하는 박물관

케첩으로 유명한 식품회사 하인즈에서 2000년 신제품을 내놓았다. 사람들에게 익숙한 빨간 케첩이 아닌 초록색, 오렌지색, 보라색, 핑크색 케첩. 출시 초기 아이들은 새로운 컬러의 케첩에 폭발적으로 관심을 보였지만 호기심은 금세 식었다. 컬러 케첩은 결국 2006년에 생산이 중단되었다.

미국 장난감 회사 하스브로에서 1965년 '이름 없는 소녀'라는 인형을 출시했다. 누더기를 걸친 애처로운 모습을 한 인형을 보면 사람들이 안아주고 싶어 하지 않을까?
그러나 불쌍한 모습으로 구걸하는 인형은 기괴하다 못해

으스스한 느낌을 주었고, 출시된 지 1년 만에 사라졌다.

리쥬베니크사는 1999년 피부 미백과 주름 개선을 위한 전기 마스크를 선보였다. 최근 판매되는 LED 마스크는 미래 지향적 디자인과 기능을 강조해 인기를 얻고 있지만, 당시 출시된 마스크는 살인마의 가면을 연상시키는 디자인이었다. 시대를 앞서가도 너무 앞서갔던 전기 마스크는 결국 실패한 제품이 되었다.

흥미롭게도 이처럼 참담하게 실패한 제품만을 모아놓은 박물관이 있다. 세계적인 기업들의 실패한 제품을 전시하는 '실패박물관'. 조직 심리학자인 새뮤얼 웨스트Samuel West 박사는 실패로부터 교훈을 얻기 위해 실패박물관을 열었다. "혁신은 실패에서 시작하죠. 그런데 우리는 실수로부터 배우려 하지 않고 늘 비밀에 부치려고 해요."

우리는 살아가면서 많은 실패를 경험한다. 첫걸음마에서 넘어지는 것부터 시작해 첫사랑 고백에서 차이기도 하고, 기발한 아이디어 제품으로 창업을 하지만 실패하기도 한다. 그런데 실패는 숨겨야 하는 부끄러운 것일까?

1957년 스푸트니크 1호 발사 이래 4,000건 이상의 로켓 발사를 분석한 결과는 재미있는 사실을 알려준다. 로켓 발사에 성공한 횟수가 아니라 실패한 횟수가 많을수록 성공 확률이 높았다는 것이다. 이는 실패에서 더 많은 것을 배울 수 있다는 뜻이다.

러시아에서 발사한 첫 위성 스푸트니크 1호.

실패 지식

실패는 우리에게 배움의 기회를 준다. 실패의 규모가 클수록 더 많이 배울 수 있는데, 실패를 면밀하게 분석하기 때문이다. 실수를 인정하고 실수가 발생한 경위와 원인을 상세히 분석하는 과정은 고통스럽다. 그러나 이런 과정을 당연하고 필수적인 과정으로 받아들인다면 실수를 개인적인 문제로 받아들이지 않을 수 있다. 실수를 안전하게 거론할 수 있다면, 실수를 보고할 가능성이 커지고 실수를 저지를 가능성은 줄어든다. 실수를 공유하면 더 큰 실패를 막을 수 있기 때문이다.

실패 스토리를 공유하는 움직임이 있다. 2002년 미국 과학자들이 만든 학술지《생물의학에서의 부정적 결과에 관한 저널 Journal of Negative Results in Biomedicine》은 실패한 연구 사례를 싣는다. 자신의 실패 사실을 알리고 또 다른 실패를 방지하며 풍부한 실패 경험을 통해 새로운 연구 업적을 성취하려는 취지다. 2008년 실리콘밸리에서 시작된 '페일콘Failcon'은 벤처 사업가들이 모여 실패담을 공유하는 행사다. 실패를 주제로 한 회의는 프랑스, 이스라엘 등 다양한 나라에서 열린다. 학계에서도 실패를 존중하려는 시도가 있다. 2010년 10월 13일 핀란드에서 시작된 '실패의 날'은 시간이 지나면서 핀란드 인구 4분의 1이 지켜보는 국가적 행사가 되었다. 학생, 교수, 창업자 들이 모여 서로의 실패를 축하해주는 이 행사는 핀란드 정부와 기업, 실리콘밸리 벤처 투자자들이 가세하면서 세계적인 운동으로 번져나갔다.

실패를 극복하기 위해서는 실패에 대해 알아야 한다. 2003년 대구 지하철 방화 사건이 일어났다. 지하철 참사 2년 후 행정일지 수준의 보고서를 발간한 한국과 달리, 한국과 방재 규정이 비슷했던 일본은 다른 나라의 재난을 전문가 17명에게 의뢰해 1년간 분석한 후 실패보고서를 내놓았다. 이 보고서는 다른 실패보고서들과 함께 '실패 지식Failure Knowledge 데이터베이스'에 저장되었다. 일본은 2001년 4월부터 과학기술진흥기구Japan Science and Technology Agency, JST에서 실패 사례를 모아 실패 지식을 정확하게 전달하고 있다. JST는 실패 사례를 분석하고 실패 지식을 구조화해 전달하고 이를 사람들이 올바르게 사용한다면 실패의 불필요한 반복이 중단될 것이라고 본다. 대구 지하철 방화 사건 실패보고서는 일본 지하철에 양방향 피난로 확보 개선과 구조물 전체를 불연재로 교체하는 조치로 이어졌다.

"안전 설계는 최악의 경우를 가정해야 한다. 경제 효율을 우선시해 생명과 안전을 무시하면 안 된다. 근로자는 기계를 지나치

게 신뢰하지 않아야 한다. 경영자와 노동자는 위험 관리를 인식하고 신뢰성을 높이기 위해 노력해야 한다. 제삼자가 조사할 필요가 있다. 승객들은 자신을 방어하기 위한 대책을 생각해야 한다." 대구 지하철 방화 사건에 대한 실패보고서에 수록된 실패지식 내용이다.

또한 실패보고서에는 재판 결과를 소개하며 "대구 지하철공사는 그들의 책임을 숨기고 회피하려고 노력했다. 사고 원인과 절차에 대한 정보공개가 없었기 때문에 그들은 이 실패에서 교훈을 얻으려 하지 않는 것 같았다"고 기록했다.

김용균이라는 빛

1981년 12월 31일 산업안전보건법이 법률 제3532호로 공포됨으로써, 우리나라 최초로 산업안전보건에 관한 독립된 법이 탄생했다. 산업재해의 효과적 예방이 법 제정의 근본 이유였다. 1990년 1월 13일 산업재해 예방사업을 효율적으로 추진하기 위한 산업재해 예방기금을 설치해 산업재해의 감소와 근로자의 안전과 보건을 유지·증진하기 위해 전부 개정되었다.

고용노동부 통계에 따르면 산재로 사망하는 노동자 수는 2016년 2,040명, 2017년 2,209명, 2018년 2,142명이었고, 매일 6명 내외의 노동자들이 산업재해로 목숨을 잃는다. 한국은 OECD 국가 중 산업재해 사망률 1위다. 사고와 재해를 통해 배우지 못하고 안타까운 죽음이 이어지고 있다.

2018년 12월 10일 오후 10시 40분경 한국발전기술 계약직 근로자 김용균은 한국서부발전 태안화력발전소 석탄이송용 벨트 컨베이어 밀폐함 점검구에서 컨베이어 설비 상태를 점검하던 중 벨트와 롤러 사이에 끼여 사망했다. 고故 김용균 씨의 참혹한 죽음을 계기로 산업안전사고의 심각성이 공론화되었다. 산업재해는 피해 당사자가 희생될 뿐 아니라 경제·사회적 손실이 크기 때문에 산업안전보건법 개정에 대한 사회적 공감대가 형성되었다.

2018년 12월 27일 산업안전보건법 전부 개정안이 '김용균법'으로 국회 본회의를 통과해 2020년 1월 16일 전면 시행되었다. 김용균법은 산업안전보건법 적용 대상의 확대를 가져왔는데, 법 적용 대상이 '근로자'에서 '노무를 제공하는 자'로 개정되어 택배원, 배달 종사자도 산재보호 대상에 편입되었다. 현행법에서는 원청 사업주가 폭발 붕괴 가능성이 있는 사업장 내 22개 위험 장소만 안전보건 책임을 지도록 했다. 개정안은 원청 사업주가 지정·제공하고 지배·관리하는 장소라면 하청 노동자라도 원청업체가 원칙적으로 안전보건 조치 의무를 지도록 사업주의 안전보건 의무를 확대했다. 또 유해, 위험 작업의 도급 금지 조항이 처음 도입되어 도금, 수은, 납, 카드뮴을 사용하는 작업의 사내 도급을 원천 금지하고 위반 시 10억 원 이하의 벌금을 부과한다.

2019년 8월 19일 고 김용균 사망사고 진상 규명과 재발 방지를 위한 석탄화력발전소 특별노동안전조사위원회가 종합 보고서를 발표했다. 조사위원 16명, 자문위원 30명이 참여한 진상조사 보고서에서 22개 사항을 권고했는데, 그중 첫 번째가 연료·환경설비 운전 분야에 대한 직접고용 정규직화였다. 고 김용균은 빛을 만든 비정규직 노동자였다.

/ 김은경

참고 자료

셰릴 샌드버그·애덤 그랜트, 『옵션 B』, 안기순 옮김, 와이즈베리, 2017 | 「반성도 대책도 없는 '어물쩍 보고서' 수두룩」, 《중앙선데이》, 2008년 3월 1일 | 「한국, 재난학을 시작하자」, 《한겨레21》, 2014년 6월호 | 「대형 참사 막을 안전백서 펴보지도 않은 정부」, 《조선일보》, 2014년 4월 24일 | 이강봉, 「실패한 연구 데이터를 활용하라」, 《사이언스타임즈》, 2013년 6월 21일 | 김도균, 「김용균법과 경기도 산업안전 대응방안」, 경기연구원, 2019 | 「고 김용균 사망사고 진상조사결과 종합보고서」, 고 김용균 사망사고 진상 규명과 재발방지를 위한 석탄화력발전소 특별노동안전조사위원회, 2019 | 「김용균이라는 빛—청년비정규직 故 김용균 노동자 민주사회장 자료집」, 청년비정규직 故 김용균 노동자 민주사회장 장례위원회, 2019 | 『산업안전보건법 제·개정사』(1~4), 대한산업보건협회, 2019

죽지않고
일할 수 있게
차별받지않게

HOMO MEMORIS

08

감시 사회

ON AIR 20170316

D
E
N

더 이상 숨을 곳이 없다

"용기란 가장 두려울 때 옳은 일을 하는 것이라고 생각합니다."

에드워드 스노든Edward Snowden이 한 말이다.
그는 이라크 전쟁에 참전했다가 제대한 후 2005년 미국 국가안보국NSA에 입사한다.
미국 국가안보국의 임무는 '미국의 법을 준수하고, 프라이버시와 인권을 보호하며, 사이버 작전을 통해 국내외 테러리스트를 저지'하는 것이다.

그러나 그는 그곳에서 국가가 자행하는 심각한 불법 행위를 목격한다.

노트북, 스마트 텔레비전을 통한 가정 내 대화 감시, 수백만 명에 대한 도청, '테러' '폭탄' '혁명' 등 특정 단어 사용자에 대한 무분별한 통화 내역 감시…….

"저는 제가 알게 된 사실을 대중에게 알림으로써 세상에 정의를 요구하고자 했습니다."

에드워드 스노든은 2012년 내부 고발을 결심한다. 이로써 그는 미 정부 내 1급 비밀 취급 권한자 140만 명 중 진실을 말해야 한다고 생각한 유일한 사람이 된다.

미국 국가안보국은 구글, 야후, 애플, 페이스북, 유튜브, AT&T, 스카이프, 드롭박스, 버라이즌 등 주요 인터넷 기업과 통신 회사를 통해 이메일, 문자메시지, 검색 기록, 앱 사용 기록, 인터넷 전화, 인터넷 뱅킹, 동영상 등 미국 내 인터넷 트래픽 75퍼센트를 수집했다. 또 송수신 번호, 통화 장소와 시간이 담긴 메타데이터 99퍼센트를 수집했다. 이렇게 수집된 데이터 양은 연간 1억 건이 넘는다.

버락 오바마 전 미국 대통령은 "이런 감시 프로그램들이 테러 공격을 막는 데 도움을 준다고 생각했다"고 말했지만, 《워싱턴 포스트》는 "미국 국가안보국 프로그램은 테러 공격을 막은 사례를 단 한 건도 제시하지 못했다"고 받아쳤다.

2013년 스노든의 폭로 후 《USA 투데이》는 '대부분의 미국인이 NSA 감시 프로그램을 반대한다'고 보도했으며, 2015년 미국 연방상소법원은 '9·11테러 이후 NSA 감시 프로그램은 위법'이라는 판결을 내렸다.

NSA,
WE ARE
WATCHING
YOU!

내부고발자, 그 이후

미국 국가안보국에 근무하던 에드워드 스노든은 2013년 홍콩으로 망명해 NSA가 프리즘PRISM이라는 프로그램을 통해 불법으로 미국 국민뿐 아니라 우방의 국민을 대상으로 대량 민간인 사찰을 했다고 폭로해 전 세계에 파장을 일으켰다. 그러자 미국 정부는 그를 간첩죄와 국가기밀유출 등의 죄목으로 체포하기 위해 수배했고, 스노든은 27개국에 망명을 요청했다. 미국의 압력으로 대부분의 나라에서 망명을 거절당한 스노든은 홍콩에서 모스크바로 피신했다가 러시아로부터 1년간의 임시 망명을 간신히 허가받는다.

그후 스노든은 3년마다 거주허가권을 갱신하며 러시아에 거주하고 있지만, 미래는 여전히 불투명하다. 만일 러시아에 의해 미국에 넘겨지면 법정에서 최대 20년의 징역형을 받을 수도 있다. 한편 2019년 미국 정부는 스노든의 회고록에 대해 수익배분 금지 소송을 제기해 승소했다. 이로써 스노든은 회고록의 수익금을 받지 못하는 불이익까지 당했다.

우리나라에도 스노든과 비슷한 내부고발자들이 있다. 1993년부터 2000년까지 국가안전기획부에 근무했던 김기삼 씨는 2005년 MBC 라디오 〈손석희의 시선집중〉과의 인터뷰에서 국정원(전 안기부)이 주요인사 1,800여 명에 대해 불법 도·감청을 담당하는 미림팀을 운영했다고 폭로했다. 그 결과 검찰 조사로 불법 감청을 지시한 김은성 제2차장이 구속되었고, 전직 국정원장들이 기소되었다. 김기삼 씨는 그전에도 고 김대중 대통령의 노벨상 수상 공작, 대북 송금, 무기 도입 비자금 의혹을 폭로해 국정원법 위반 혐의로 검찰에 고발당한 전적이 있다. 그는 2002년 이후 가족과 미국 펜실베이니아로 건너가 정치적 망명을 신청하고 허가받아 그곳에 살고 있다.

1990년 윤석양 육군 이병은 국군보안사령부가 사회 각계 인사와 민간인 1만 3,000여 명을 정치 사찰한 자료를 들고 탈영했다. 그는 한국기독교교회협의회 인권위 사무실에서 기자회견을 했고, 그 내용이 《한겨레신문》을 통해 보도되었다. 그는 보안사에서 민간인들을 사찰해 비상계엄을 발동했을 때 방해가 될 만한 민간인 체포 목록을 작성했다고 발표했다. 그 결과 국방장관과 보안사령관이 경질되고, 보안사의 이름이 '국군기무사령부'로 바뀐다. 그리고 사찰 대상이던 인사 145명이 국가를 상대로 소송을 걸어, 1998년에 원고 승소 판결을 받았다. 윤석양은 2년간 도피 생활을 하다가 붙잡혀 군무이탈죄로 징역 2년을 선고받고 복역 후 출소했다. 이후에는 복학해 졸업한 후 평범한 직장인으로 지냈다. 하지만 2017년 10월 JTBC 〈이규연의 스포트라이트〉에 출연해 꽤 오랫동안 숨죽이며 지내야 했다고 밝혔다. 그는 서울 한 아파트의 재건축 조합장으로 평범한 삶을 이어가고 있다.

공공의 이익을 위한 내부고발은 공익신고자 보호법으로 법원이나 국민권익위원회 등 공식 기구의 보호를 받을 수 있다. 하지만 실제로 내부고발자들의 불이익을 구제하는 데는 한계가 많다. 더욱이 국가를 상대로 한 앞의 사례는 보호받을 법과 제도가 없어 대부분 망명하거나 실형을 선고받고 복역한다.

몇몇 시민단체도 내부고발자 보호 사업을 진행한다. 그중 대표적인 것이 2011년에 창립한 '호루라기재단'이다. 호루라기재단은 내부고발자의 권익을 위해 각종 법률 지원과 제도 개선, 호루라기상 시상, 청렴 교육 등의 사업을 추진하고 있다.

잊힐 권리

아날로그 시대에는 시간이 지나면서 잊었던 정보를 디지털 시대에는 누구나 언제든 인터넷을 통해 검색할 수 있다. 그러나 정보, 특히 개인 정보가 계속 검색되면 온라인 범죄에 악용될 가능성이 있을 뿐만 아니라 개인의 프라이버시도 침해할 수 있다.

이에 등장한 개념이 '잊힐 권리Right to be Forgotten'다. '잊힐 권리'가 문법적으로 맞는 표현이지만 '잊혀질 권리'라는 표현이 더 많이 쓰인다. '잊힐 권리'는 계속 논의 중인 개념이라 아직 명확하지 않지만 '더 이상 적법하지 않은 개인 관련 표현물이 인터넷에서 유통되는 것을 금지하는 권리'라고 할 수 있다.

'잊힐 권리'에 대한 세계적인 논란은 2014년 유럽사법재판소의 한 판결로부터 비롯되었다. 2010년 스페인 변호사 곤살레스는 구글에 자기 이름을 검색했다가 과거 채무로 인해 자기 집이 경매 처분되었다는 내용의 신문 기사를 보게 된다. 그는 스페인 개인정보보호원에 기사와 검색 결과 노출을 삭제해달라고 요청했다. 이에 기사는 그대로 두되 구글 검색 결과 화면에서 관련 링크를 없애라는 결정이 내려진다. 이 결정에 이의를 제기한 구글은 유럽사법재판소EJC에 판결을 의뢰했다. 그 결과 2014년 "검색엔진은 정보 주체의 요청에 따라 정보가 합법적이어도 일정한 요건에 부합하면 링크를 삭제할 의무가 있다"는 판결이 내려진다. 잊힐 권리가 인정된 첫 판례다.

유럽사법재판소는 같은 판결에서 "잊힐 권리는 절대적인 것은 아니며, 언론이나 표현의 자유와 같은 다른 기본권과 균형을 맞출 필요가 있다"고 명시했다. 이는 '잊힐 권리'가 '언론이나 표현의 자유'와 상충할 수 있다는 뜻이다. 미국의 법학자 제프리 로슨은 '개인 정보의 관리 감독 의무를 사업자 책임으로 돌리면, 사업자의 검열이 본격화할 것'을 우려했다. 연세대 강정수 박사는 잊힐 권리가 인정되면 "국가권력과 기업권력, 정치인의 불편한 진실에 대한 접근성을 제한할 가능성이 높아진다"고 했다. 고려대 박경신 교수도 잊힐 권리를 행사하려면 "누가 나의 과거사를 올리는지 동료들을 감시해야 하는 모순이 생긴다"고 주장했다.

판결 이후 약 3개월 동안 유럽에서 구글에 쏟아진 삭제 요청 건수는 약 7만 건이었고, 한 건당 삭제되는 링크는 약 3.8개, 총 삭제된 링크는 25만 개에 달한다. 영국 언론은 '구글이 어떤 이유로 누구의 요청을 받아 삭제했는지 공개하지 않는 것은 정보 검열이며 언론 자유에 대한 위협'이라고 비판했다. 예를 들어 세계금융위기를 촉발한 스탠 오닐 전 메릴린치 최고경영자를 비판한 경제 담당 부장의 2007년 블로그 링크가 차단되어 논란이 일었다.

한국에서 잊힐 권리는 기존에 '정보통신망 이용촉진 및 정보보호에 관한 법률'로 보호받는다. 이 법률에 따르면 정보통신망의 정보로 권리를 침해받았다고 신고하면 정보통신서비스 제공자는 지체 없이 삭제나 임시조치(블라인드 처리)를 해야 한다. 정보는 삭제하지 않고 링크만 삭제하는 유럽과 다른 점이다. 게다가 방송통신위원회는 2016년 4월에 '인터넷 자기게시물 접근배제 요청권 가이드라인'을 발표했다. 이에 따라 이용자가 자신에 관한 게시물에 접근배제를 요청하면 블라인드 처리 또는 삭제하는 것은 물론, 검색 목록 배제, 유족의 요청에 따른 죽은 사람의 게시글 삭제까지 가능하다.

온라인상의 정보 공개로 개인의 프라이버시가 침해를 받아서는 안 된다. 하지만 공공의 이익 또는 알 권리와 잊힐 권리가 충돌하는 경우에 관한 논란, 잊힐 권리가 악용될 소지를 막는 법제화에 대한 논의는 현재 진행 중이다.

/ 김정은

참고 자료

글렌 그린월드, 『스노든 게이트』, 박수민·박산호 옮김, 모던아카이브, 2017 | 「러시아서 망명생활 스노든, 현지 거주허가권 3년 연장 신청」, 《연합뉴스》, 2020년 4월 16일 | 「스노든, 회고록으로 돈 못 번다… 美 법원 수익금 배분 제동」, 《연합뉴스》, 2019년 12월 18일 | 「안기부 불법도청 테이프 파문, 공미림팀장·김기삼씨는 누구」, 《부산일보》, 2005년 7월 26일 | 「안기부 불법 도·감청 폭로 김기삼씨 정치적 망명 허용」, YTN, 2008년 4월 17일 | 「국군보안사령부 민간인 사찰 사건」, 위키백과 | 「강남아파트 재건축 조합장 된 보안사 민간인 사찰 폭로 주역」, 《연합뉴스》, 2020년 5월 20일 | 장진수, 「한국의 내부고발 실태 연구」, 성공회대학교 NGO 대학원 석사학위논문, 2019 | 권혜미, 「잊혀질 권리」, 네이버 지식백과 | 박경신, 「'감시'를 요구하는 잊혀질 권리」, 《한겨레신문》, 2014년 8월 7일

HOMO MEMORIS

09

가려진 시간

ON AIR 왓샤 시위와 응원경찰 20180402 / 가려진 시간 20190521

4·3

역사를 이끌었으나

역사에서 가려진 그날

왓샤 시위와 응원경찰

붉은 동백꽃이 눈물처럼 뚝뚝 떨어지던 그날, 그 섬 이야기.

1947년 3월 1일, 피범벅이 된 사람들 사이로 여섯 구의
주검이 보인다. 다섯은 등에 총을 맞았다.
열다섯 살 아이도 있고, 물애기 안은 스물한 살 어멍도 있다.
지난여름에는 전염병에 죽고 못 먹어서 죽어들 갔다.
그런데 이 죽음은 까닭을 모르겠다.
채 1시간도 되기 전, 3·1절 기념대회가 열렸다. 살아 있으니
이날을 또 맞는다고, 읍면마다 모여서 여한 감격과 쌓인
불만을 소리 내고 있을 게다. 해방되었어도 살기가

이만저만 고되던가.
대회 마치고 왓샤! 왓샤! 북돋우며 어깨 걸고 나서는 시위대.
기마경찰이 뒤를 쫓는다. 좌익 계열이 주최했다고 저러는
게지, 한다. 눈엣가시처럼 여긴 것을 모르지 않는다.
해도 3·1절에 좌우가 무슨 상관이랴. 듣자니 며칠 전
'응원경찰'까지 내려왔다 한다. 그들이 뉘던가. 일제 때 민란
누르겠다고 육지에서 보낸 무장경찰들이다. 핑계로 항일
진압하던 시절은 갔는데 겁이나 주려는 게지, 혀를 차고 만다.
그때였나. 기마경찰의 말발굽에 채여 아이가 쓰러진다.
다친 애를 그냥 두고 간다. 시위 구경하던 이들이 성이 나서
쫓아간다. 그놈 잡지도 못하고 홧김에 던진 돌멩이가 천벌
받을 죄였나. 갑자기 총소리가 요란하다.

분하고 억울해 온 섬이 "왓샤 왓샤" 항의한 게 또 죄였나.
주동자부터 검거하겠다 한다. 무슨 조사를 어찌했는지
"제주도는 좌익의 거점이다", "건국에 저해가 된다면 싹
쓸어버릴 수 있다"고 결론 내렸다 한다. 기어이 그러려는지
응원경찰이 줄줄이 당도한다. 사죄 한마디 듣자던 일에
총부리 들이대는 영문을 모르겠다. 모른 채 잡혀가고
죽어가며 해를 넘긴다. 걷잡을 길 없이 4월 3일이 왔다.

역사에서 가려진 그날

역사를 이끌었으나 역사에서 가려진 그날, 두 도시 이야기.

1946년 10월 1일, "먹을 곡식을 내놔라!"
해방에 감격하고 미군정을 환영한 1년 전이 까마득하다.
친일했던 자들을 처벌하기는커녕 요직에 앉혀 원망을
낳더니, 실정의 연속이다. 매점매석으로 쌀값이 10배 가까이
올라도 수수방관. 콜레라에도 속수무책. 대책이랍시고
사방 길을 막아버렸다. 경상북도에서만 4,000명 넘게 굶고
병들어 죽었다. 도시 배급을 해결하겠다고 농촌에서 강제
공출까지 하니, 누구랄 것 없이 어디랄 것 없이 뛰쳐나올밖에.

살아야겠다. 대구가 나선다.

1980년 5월 18일, "계엄령을 해제하라!"
신군부의 집권 야욕에 국민적 저항이 일던 5월이다. 소강을
바랐나, 소요를 노렸나. 17일, 비상계엄령이 전국으로
확대된다. 18일, 전남대 앞에서 항의 시위가 시작된다.
공수부대가 진압한다. 굴하지 않고 시내로 진출하는 학생들.
강도를 더해가는 진압. 총칼 든 계엄군은 눈이라도 멀었는가.
있는 대로 때리고 찌르고 밟는다. 그 살의에 시민들은
경악한다. 학생들이 신군부 퇴진을 외치는 이유를 알겠다.
살아야겠다. 광주가 맞선다.

그것은 '폭동暴動'이다. 도시가 온통 폭도들이니 온갖 무력도
정당하다. 대구는 하루 만에 진압했다. 광주는 열흘이
걸렸으나 탱크로 밀어버렸다. 무자비하고 잔혹한가?
불상사不祥事였을 뿐이다. 그도 아니면 불미스러운
사태였다고 하자. 들추지 마라. 의도가 무엇인가. 그 역시
불순하다. 침묵하라.
이름도 명예도 없이, 왜곡과 망각 속에 오랜 금기의 시간이
흐른다.

역사의 이름 찾기:
폭동이 민주화운동이 되기까지

염원하던 친일 청산도 없고 생활고는 극에 달했다. 1946년 10월 1일 대구에서 일어난 시위는 자연 발생이었다. 이는 곧바로 전국으로 퍼져나가 그해 연말까지 경북에서만 77만 명, 남한 전체에서 230여만 명이 참여했다. 이처럼 대중적 항거를 이념 공세로 몰아붙여 입지를 다지려는 세력이 문제였다. 관련자를 색출한다는 명목으로 체포와 테러를 이어갔다. 악의적 대응은 그해 10월뿐이 아니었다. 한국전쟁 직전 형무소에 수감된 관련자들을 '북한군에 동조할 수 있다'는 이유로 처형했다. 덧씌워진 '빨갱이' 낙인은 유족의 삶까지 묶었다. 2010년 '진실화해를위한과거사정리위원회'가 겨우 폭동이 아닌 '사건'으로라도 명명함에 따라 유족들은 떳떳이 위령제라도 지낼 수 있었다.

해방 후 미군정 시기에 일어난 대중 시위와 쟁투는 대체로 같은 이유에서 출발한다. 1946년 대구에서나 1947년 제주에서나 친일 관료의 득세와 민생고는 여전했다. 더욱이 3월 1일 민간인

총살이라는 엄청난 사건을 일으키고도 당국은 강경일변도였다. 그것이 1948년 4월 3일 남로당 무장봉기의 배경이다. 그러나 이유 불문 공비 소탕이 시작되었다. 작전은 무려 7년 7개월간 대한민국 정부 수립과 한국전쟁을 치른 뒤까지 이어졌다. 토벌대의 초토화 작전으로 중산간 마을 95퍼센트가 불타 없어졌다. 압도적 토벌대와 끈질긴 남로당 무장대의 대립 속에 민간인 1만 4,532명이 희생되었다(2020년 공식 집계). '빨갱이' 낙인이 씌워진 생존자와 유족 들은 사회활동에 심한 제약을 받았다. 연좌제는 1980년에서야 폐지되었다. 1987년 '4·3'의 이름으로 첫 위령제가 열리지만 '민중항쟁'이라고 부르는 바람에 관련자가 경찰에 연행당했다.

2000년에 이르러 제주4·3특별법이 제정되어 공식 진상조사가 이루어진다. 2003년 '국가공권력에 의한 대규모 민간인 희생'을 정부가 인정하고 대통령이 공식 사과를 했다. 2014년 '4·3 희생자 추념일'을 제정했다.

1980년 5월 18일의 광주를 정부와 언론은 무장폭동 사태로 발표하고 보도했다. 이후 외부와 고립시킨 채 벌인 일들을 국민 대부분은 알지 못했다. 진상이 차츰 드러나면서 의거 또는 항쟁으로도 불렸지만, 대체로 합의된 명칭은 '사태'였다. 어떤 사태였는지는 1990년 관련 법률이 만들어지면서 확정된다. 정부는 '광주민주화운동'을 공식 명칭으로 사용한다. 1997년에는 '5·18민주화운동'으로서 기념일을 제정했다. 대한민국 민주주의 역사에 획을 그은 운동이며 그 정신이 1987년 6·10민주항쟁으로 이어졌음을 강조한 명칭 변경이다.

역사의 명칭은 당대의 인식과 평가를 반영한다. 1960년 일련의 시위가 정권의 독재와 부정부패에 항거한 의거였음은 명백했다. 그 정점에 있던 4·19는 '혁명'이었다. 그러나 2·28민주운동, 3·8민주의거, 3·15의거는 50여 년 후에야 제 이름으로 예우받고 국가기념일로 지정되었다.

4·19는 5·16에 혁명의 이름을 내주어야 했다. 내내 의거로 규정되다가 1993년 '4·19혁명'으로 환원되었고, 5·16은 군사정변으로 재규정된다. 해석은 다를 수 있고 논쟁도 있을 수 있다. 그러나 대전제는 진실 규명이다. 분명한 진상조사로 사회적 합의에 이르러야 할 역사가 아직 많다.

/ 이소영

참고 자료

허영선, 『제주 4·3을 묻는 너에게』, 서해문집, 2014 | 『4·3이 뭐우꽈 —기억투쟁 70년, 제주 4·3』, 제주4·3평화재단 자료집, 2018 | 김상숙, 『10월 항쟁』, 돌베개, 2016

4·19혁명 당시 플래카드를 들고 사태 수습을 다짐하는 학생 시위대.

HOMO MEMORIS

10

내 이름을 묻지 마세요

ON AIR 20180808

1950

특무대

1960

방첩대

1968

보안사

1991

기무사

2018

다섯 번의 개명

'초래할 혼란보다 고통이 더욱 크다면 인격권과
행복추구권을 원칙으로 하여 허락한다.'
법원이 판단하는 개명改名의 이유. 나 역시 다르지 않다.

1948년 5월 조선경비대 정보처 특별조사과. 좌우익이
첨예하게 대립하는 시국이 나를 낳았다. 전쟁은 나를 키웠다.
1950년 10월 21일 어엿한 새 이름으로 독립. 나, 특무대는
공비 소탕의 막중한 임무를 맡아 간첩 검거에 혁혁한 공을
세운다. 물론 시련도 있었다. 1956년 특무대장이 피살되면서
'수많은 사건을 조작한 군의 암적인 존재'라는 출생의 비밀이

만천하에 드러났다. 그래도 거침없이 성장했다.

1960년 4월 19일 운명殞命하나 싶었지만 운명運命의 새 주인을 따라 이름만 바꾸면 되었다. 방첩대. 또 다른 쿠데타를 막을 막강한 힘까지 주어졌다. 그 탓에 운명의 장난을 겪었다. 1968년 무장공비들이 '방첩대 소속'이라는 말 한마디로 모든 검문소를 통과해 서울 중심부까지 침투해버린 것이다. 즉시 '육군보안사령부'로 개명, 더욱 승승장구했다. 1977년 육해공 통합 '국군보안사령부'로 강화. 나, 보안사는 이제 하지 못할 일이 없다. 1979년 스스로 쿠데타의 주역이 되었다. 권력의 핵심을 움켜쥐었다.

1990년 10월 윤석양 이병의 양심선언, 민간인 사찰 폭로. 명백한 증거 앞에 아찔했지만 태세전환. 정치적 중립과 대대적 개혁을 약속하며 좋았던 옛 이름을 버렸다. 1991년 1월 새 이름 새 출발. 기무사. 기무機務는 근본이 되는 일을 뜻한다. 새 이름 뒤에서도 하던 근본대로 하면 되지 않겠는가.

2018년, 또다시 바꿔야 할 모양이다. 하기야 이름은 중요하지 않았다. 그러니 "내 이름을 묻지 마세요".

이름 뒤에 숨은 역사

특무대(1950~1960년)—방첩대(1960~1968년)—보안사(1968~1991년)—기무사(1991~2018년).

군부 독재 정권에서는 폭압과 공포의 정치를 수행했다. 문민정부에 들어서도 정치 개입에 암약했다. 군사보안과 방첩이라는 본분을 악용한 내적 역사는 길고, 이름은 외적 변화에 불과했다. 이 조직의 가장 오랜 이름인 기무사. 3대 불법 행위(댓글 공작, 세월호 가족 사찰, 계엄 검토 문건 작성)가 발각되어 해체 수준의 개편을 요구받았다. 그 결과가 군사안보지원사령부(안보지원사) 창설이다. 앞선 조직 역사가 증명했듯 개명이 개혁일 리 없다. 2018년 9월 1일 출범한 '안보지원사'가 과거 단절의 새 이름으로 역사에 기록될지 알 수 없다. 이 조직의 시초부터 준해체까지, 문제는 이름보다 존재였다.

개명이 범죄 전과를 은폐하거나 법령상 제한을 피하려는 불순한 의도를 가질 때 법원은 이를 불허하거나 취소할 수 있다.

잦은 개명도 불가하다. 개인의 경우 그렇다. 공적 영역에서는

군사안보지원사령부

바로 그 이유로 개명을 시도하기도 한다. 잦은 개명에서 정당을 따를 곳은 없다.

한국 정당정치사는 대체로 양당체제였다. 체제로는 미국의 공화당과 민주당, 영국의 보수당과 노동당, 독일의 기독교민주연합과 사회민주당과 같다. 눈에 띄게 다른 점이 있다면 정당명이다. 정당명에는 정당이 추구하는 가치와 철학과 이념이 압축된다. 정당이 존속하는 한 쉽게 흔들리거나 달라질 수 없다는 게 상식이다. 미·영·독의 정당명은 모두 100년 이상 되었다. 정당정치 역사가 그보다 짧다는 점을 감안하더라도 한국의 정당명은 단명을 면치 못했다. 가장 오래 사용한 이름이 14년 3개월간 사용한 '한나라당'이다. 2020년 4·15 총선이 같은 당명으로 치른 최초의 선거였던 '더불어민주당'은 오랜 역사와 전통을 강조하며 1955년 창당된 '민주당'을 뿌리로 삼고 있다. 그렇다면 60년간 19번 개명을 한 셈이다. 한나라당은 새누리당, 자유한국당을 거쳐 2020년 2월 '미래통합당'으로 개명했는데 불과 2개월 만에 당 안팎에서 개명이 거론되었고, 9월 2일 '국민의힘'으로 공식 개명했다.

정당명 변천은 한국 현대정치사가 지나온 격동의 단면이기도 하지만, 정치적 유불리에 따라 교체 가능한 쉬운 카드였다는 점도 부인하기 힘들다.

이름의 무게를 가벼이 여기기는 공공기관도 마찬가지다. 2000년대 초중반에는 기관명에 영문 약칭을 넣거나 대체하는 식의 개명이 대유행이었다. 20대 국회 예산결산특별위원회에서 발표된 바에 따르면, 2009~2019년 6월까지 전체 339개 공공기관 가운데 71개 공공기관이 기관명을 변경했다. 이에 쓰인 예산만 140억 원. 네이밍 비용은 제하고, 간판을 바꾸고 명함을 교체하고 대외 홍보하는 데 쓰인 돈이다. 역할과 위상 변화에 따른 개명은 손에 꼽을 정도다.

은폐와 희석, 이미지와 홍보라는 속셈이 만든 허울 좋은 이름들, 언제 또 바뀔지 모를 이름들이 역사를 어지럽게 스칠 때, 초래할 혼선과 행정비용 때문에 시도조차 쉽게 하지 못하는 개명도 있다. 엄밀히는 본명 찾기다. 1914년 일제가 시행한 폐합 정리, 일명 창지개명創地改名으로 고유한 이름을 잃고 현재까지 유지하고 있는 행정구역명들이다. 추정치로만 전국 50퍼센트다.

/ 이소영

PART

3

희망의 기록

HOMO MEMORIS

기묘한 물고기 | 우리는 달에 착륙하지 않았다 | 아들의 빈방
눈물을 재촉하는 | 다시는 고향에 돌아가지 못하리 | 별이 된 백과사전

HOMO MEMORIS

11

기묘한 물고기

NULLIUS

ON AIR 20190116

IN VERBA

누구의 말도 취하지 마라.

실험을 해보면 어떨까요?

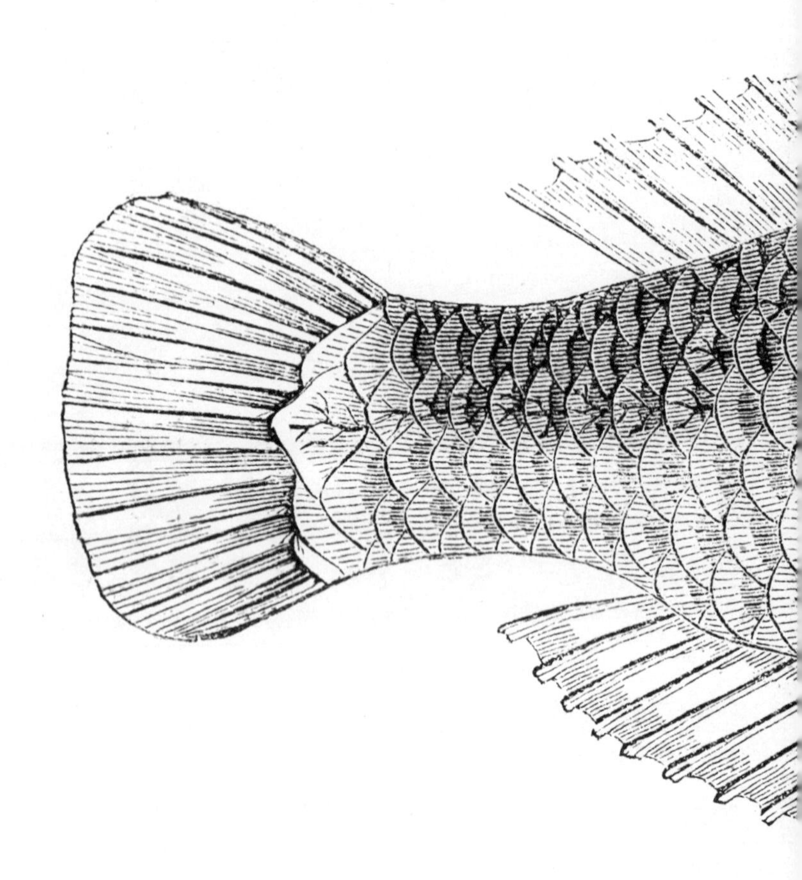

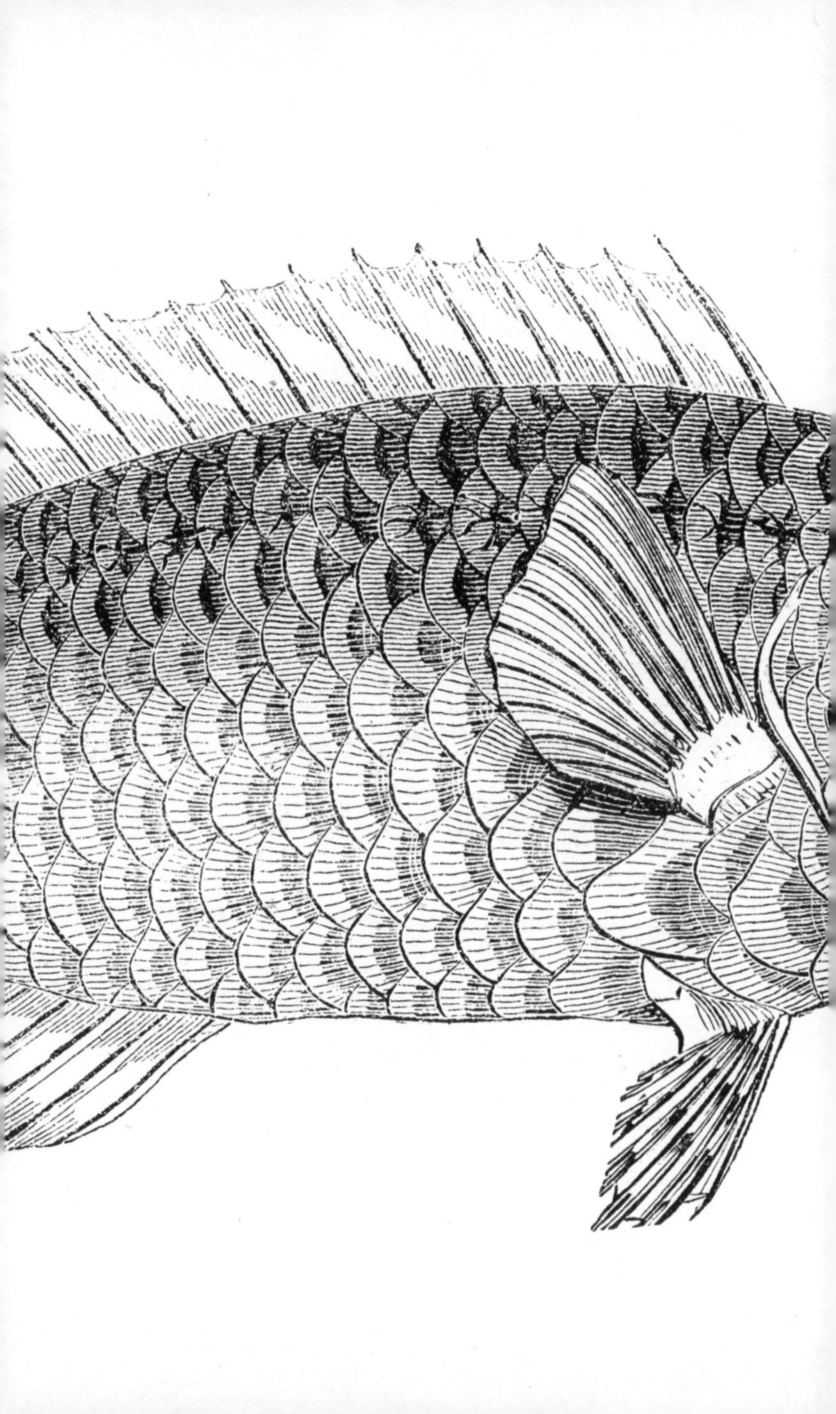

실험으로 증명한 지식들

350년 전 영국 왕립학회에 과학기술에 관심이 많던 찰스 2세와 당대 최고 학자들이 모였다. 왕은 물고기가 죽으면 무게가 변한다고 생각했다. 그는 "어항 속에 살아 있는 물고기를 넣으면 무게가 변하지 않지만, 죽은 물고기를 넣으면 무게가 변한다는데 왜 그런 것이오?"라고 물었다. 확신에 찬 질문이었다. 만약 왕이 틀린 것으로 밝혀진다면 불경죄에 처할 수도 있었다.

"실험을 해보면 어떨까요?" 한 젊은 학자가 제안했다. 실험 결과 살아 있는 붕어가 들어 있는 어항과 죽은 붕어가

들어 있는 어항의 무게는 같았다. 왕이 틀렸다.
"기묘한 물고기로군Odd fish." 찰스 2세는 짧게 답했다. 이후 기묘한 물고기는 '특이한, 남과 같지 않은 사람'을 의미했다.

왕립학회는 왕의 말이라도 실험을 통해 증명되지 않으면 받아들이지 않았다. 그러나 실험을 통해 증명된 일이라면 종교, 국가, 직업 불문하고 지식으로 인정했다. 흥미로운 발견을 하면 누구나 왕립학회에 편지를 보낼 수 있었다.

당시 무명 과학자였던 아이작 뉴턴의 만유인력, 번개가 전기적 현상임을 발견한 미국의 인쇄공 벤저민 프랭클린, 미생물을 발견한 네덜란드의 현미경 학자 안톤 판 레이우엔훅, 전자기 유도 법칙을 발견한 영국의 제본소 수습공 마이클 패러데이 등 기묘한 물고기들의 편지가 왕립학회에 쇄도했다.

"우리의 목적은 유용한 지식을 모으고 쌓는 데 있다. 종교, 국가, 직업의 차이는 아무런 문제가 되지 않을 것이다." 왕립학회의 설립 취지다. 왕립학회는 자유로운 지식의 항구가 되고자 했다.

기묘한 물고기들이 발견한, 실험을 통해 증명된 새로운 지식이 '지식의 항구'에 다다랐다.

'누구의 말도 취하지 마라NULLIUS IN VERBA'는 실험을 통해 증명된 사실이라면 '누구의 말에도 귀 기울여야 한다'는 뜻일 것이다.

찰스 2세의 흉상 양편에 앉은 프랜시스 베이컨과 윌리엄 브롱커.

NVLLIVS IN VERBA
CAROLVS
II.
SOCIETATIS
REGALIS
AVTHOR
&
PATRONVS

프린키피아

2016년 12월 14일 뉴욕 크리스티 경매에서 『프린키피아Principia』 첫 번째 유럽판이 370만 달러(약 44억 원)에 낙찰되어 가장 비싼 과학책에 올랐다. 이전까지 가장 비싼 책은 제임스 2세에게 선물한 영국판 『프린키피아』였다. 아인슈타인은 이 책이 "인류가 만든 것 중에서 지적 보폭이 가장 큰 산물"이라고 극찬한 바 있다.

1687년 영국왕립학회는 아이작 뉴턴의 『프린키피아』를 출판했다. 프린키피아는 '원리'를 뜻하는 라틴어로 책의 원제목은 '자연철학의 수학적 원리Philosophiae Naturalis Principia Mathematica'인데 간단히 『프린키피아』라고 부른다. 유럽판은 80권이 초판으로 나왔고, 이후 총 400권이 인쇄되었다.

"선생님은 그 책을 꼭 쓰셔야 합니다." 『프린키피아』 출판은 천문학자 에드먼드 핼리의 권유로 시작되었다. 핼리는 뉴턴의 지식을 책으로 엮어 세상에 알리려고 노력했는데, 왕립학회가 열악한 재정으로 출판이 어려워지자 그는 자비를 들여 『프린키피아』를 출판했다. 뉴턴의 원고를 교정하고 편집하고 출판하는 전 과정을 핼리가 관리한 것이다. 책 출판 후에는 학술지에 서평을 기고하고 영국 국왕에게 책을 직접 전달하기도 했다.

라틴어로 쓴 『프린키피아』는 정의, 공리, 법칙, 정리, 보조정리, 명제로 나아가는 수학책의 형식을 채택했다. 뉴턴은 『프린키피아』 서문에서 "나는 기교보다 철학을 설계하며, 자연의 힘에 관해 저술하므로, 이 저작을 철학의 수학적 원리라고 이름 붙였다. 그리고 이 목적을 위하여 1, 2권에서는 수학적으로 입증된 일반 명제들이 도출된다. 이들에 의해 3권에서 중력이라는 것이 유도된다. 나는 자연의 나머지 여러 현상도 원리로부터 같은 종류의 논리에 의해 유도할 수 있기를 바란다"고 저술 목적을 밝혔다. 뉴턴은 수학적 형태로 표현된 힘을 발견하고 이를 이용해 다른 현상을 설명할 수 있다고 했다. 이후 모든 물리학 이론에서 수학적 개념과 언어 사용이 필수적으로 요구되었다.

『프린키피아』는 전체 3권으로 구성되어 있다. 1, 2권은 관성의 법칙, 운동의 법칙, 작용과 반작용의 법칙 등 물체의 운동을 설명한다. 3권에서는 코페르니쿠스, 갈릴레이, 케플러로 이어진 지동설을 완성했으며, 어디에나 존재하는 보편적 힘인 만유인력에 관해 다룬다. 사과가 떨어지는 지상계뿐만 아니라 태양계에서 일어나는 다양한 현상을 일관되게 설명했다.

『프린키피아』는 어려운 책이다. 내용의 상당 부분이 복잡한 기하학적 증명이며 출판 당시부터 난해하기로 악명 높았다. 뉴턴 자신이 "처음 약 60쪽은 명제와 증명을 이해하는 데 집중하고, 바로 3권으로 건너뛰라"고 말했을 정도다. 많은 당대인이 뉴턴의 『프린키피아』를 비싼 값에 사서 읽고 이해하려 노력했다. 『프린키피아』는 1687년 초판 발간 후 내용을 보완하고 추가해 1712년 개정 증보판이 나왔고, 1726년에 3판이 출간되었다.

오픈 사이언스 시대

가장 오래된 학술 저널로 알려진 영국왕립학회《철학회보Philosophical Transaction》는 연구 결과에 대한 신속한 정보 교환을 목적으로 탄생했다. 실험적 학문의 정립이라는 설립 목표에 따라 학회 회원과 회원이 소개한 사람들의 연구 내용을 담은 '편지'를 선별과 편집을 통해 출판했다. 이렇게 출판된 학술지는 도서관이나 학회에서 보존하거나 다른 연구자들에 의해 다음 연구에 이용되었다. 19세기 이후 현재와 같은 이론, 실험, 분석, 고찰 등의 논문 형식이 자리 잡았다.

『프린키피아』의 초판본 표지.

PHILOSOPHIÆ
NATURALIS
PRINCIPIA
MATHEMATICA.

Autore *JS.* NEWTON, *Trin. Coll. Cantab. Soc.* Matheſeos Profeſſore *Lucaſiano*, & Societatis Regalis Sodali.

IMPRIMATUR.
S. PEPYS, *Reg. Soc.* PRÆSES.
Julii 5. 1686.

LONDINI,

Juſſu *Societatis Regiæ* ac Typis *Joſephi Streater*. Proſtat apud plures Bibliopolas. *Anno* MDCLXXXVII.

과학 지식의 축적과 더불어 다양한 학술지가 등장했다. 그러나 많은 학술지가 복잡한 심사 과정, 출판 지연, 구독료 급증, 상업 출판사의 저작권 남용 등의 문제점을 낳았다. 이런 전통 학술 커뮤니케이션의 모순을 극복하기 위해 등장한 것이 오픈 액세스 운동Open Access Movement이다.

오픈 액세스의 취지는 출판된 연구 결과물을 누구나 비용 없이 인터넷을 통해 이용할 수 있어야 한다는 것이다. 2002년 부다페스트 오픈 액세스 선언Budapest Open Access Initiative, BOAI에서 "모든 학문 분야에서 학술 논문이 인터넷상에서 자유롭게 이용될 수 있어야 한다"고 발표했다. BOAI는 인터넷에 접속하는 데 따르는 제약을 제외하고 어떤 금전적, 법적, 기술적 장벽 없이 논문을 읽거나 다운로드, 복제, 배포, 인쇄, 탐색을 허용하는 것이 자유로운 이용이라고 규정했다. 오픈 액세스에서 시작된 과학적 연구 결과, 연구 데이터, 교육 자료, 강의 자료의 개방과 공유는 그 밖에 협동연구, 시민과학자운동 등으로 확산되었다. 오픈 사이언스Open Science 시대가 열린 것이다.

2014년 2월 18일 영국왕립학회는 기존 학술지 외에 첫 번째 오픈 액세스 저널인 《로열 소사이어티 오픈 사이언스Royal Society Open Science》를 시작했다. 이 저널은 생명과학, 물리과학, 수학, 공학과 컴퓨터과학 등 다양한 주제를 다룬다. 저널은 공개된 동료

심사Peer Review를 거친 독창적인 연구를 다룬 논문을 게재하며 연구 데이터를 공개한다.

/ 김은경

참고 자료

신은정·정원교, 「오픈사이언스정책의 확산과 시사점」, 《신과학기술정책연구원》 제216호, 2017 | 신은정, 「오픈사이언스에 관한 OECD 논의 동향과 시사점」, 《동향과 이슈》 제22호, 2015 | 이지현, 「과학계에 부는 공유 바람, 오픈 사이언스」, 블로터, 2014년 2월 14일 | 「오픈 사이언스를 통한 과학기술 혁신」, 《전자신문》, 2019년 7월 31일 | 이정선, 「프린키피아의 뉴턴」, 《한국수학사학회지》 제16권 2호, 2003 | EBS 〈지식채널ⓔ〉 '프린키피아 발간의 조력자', 2020년 4월 8일

HOMO MEMORIS
12
ON AIR 20190710

우리는 달에 착륙하지 않았다

최초의 지구돋이

미국과 소련의 체제 경쟁이 한창이던 1962년.
"우리는 10년 안에 사람을 달에 보낼 것입니다. 쉬운 일이어서 하는 게 아닙니다. 어렵기 때문에 하려는 것입니다." 존 F. 케네디 대통령의 계획이 현실이 되기까지는 시간이 필요했다.

아폴로 1호의 우주 비행사 3명 사망, 아폴로 5호의 로켓 추락, 로켓 엔진 이상을 보인 아폴로 6호. 계속되는 우주선 사고와 쏟아지는 비판으로 무산될 위기에 처한 달 탐사 계획.
왜 달에 가려 하는가? 너무 무모하고 불가능한 도전이었다.

"16주 뒤 바로 달 궤도로 떠나라."

지구 궤도 비행을 준비하던 아폴로 팀에게 새로운 임무가 내려졌다. 누구도 성공을 확신할 수 없었던 계획.

프랭크 보먼, 짐 러벨, 윌리엄 앤더스, 이 3명의 우주인은 달 궤도를 돌며 아폴로 11호의 달 착륙을 위해 사진을 찍고 조사하는 임무를 맡았다. 그들의 임무에 달 착륙은 없었다.

예정대로 1968년 12월 21일, 아폴로 8호가 발사되었다.

1968년 12월 24일 16:38:19

"지구가 떠오르고 있어"

"와, 정말 아름다운데."

달의 지평선 위로 지구가 떠오른다.

그것은 최초의 '지구돋이Earthrise'.

흰색과 푸른색이 섞인 둥근 지구. 거칠고 황폐한 땅과 찬란하고 연약한 세상이 나란히 놓인 모습이었다. 달에 착륙해 하늘을 봤다면 절대 볼 수 없었을 최초의 풍경.

그로부터 7개월 후 인류는 달에 도착했다.

우주는 우리가
상상하는 것보다
훨씬 더 넓고 크며
우주와 시간은
무한하고, 무한히
넓은 우주에는
생명체가 존재할
것이다.

달의 지평선 위로 떠오르는 지구.

더 블루 마블

'더 블루 마블The Blue Marble'은 푸른 지구를 부르는 별칭이다. 1972년 아폴로 17호에서 보내온 지구 사진을 보고 나사NASA에서 '푸른 구슬'이라고 부른 것에서 시작되었다. 이때부터 '블루 마블'은 지구 밖에서 찍은 지구 사진을 의미한다.

아폴로 17호 이전에도 푸른 지구를 본 사람이 있었다. 1961년 인류 최초로 지구 밖에서 지구를 본 유리 가가린은 "지구는 푸른 빛"이라고 했다.

1967년 ATS-3 인공위성에서 촬영한 사진을 합성한 이미지가 있다. 최초의 컬러로 된 지구 전체 모습이 담긴 사진이었다. 이때 공개된 지구의 '전체' 모습은 나사의 새로운 정지궤도 첨단기술위성ATS에서 지구의 자전과 같은 속도로 적도 상공의 궤도를 움직이며 촬영한 것이다. 이 사진은 『전 지구 카탈로그Whole Earth Catalog』 초판 표지로 쓰였다. 책을 펴낸 스튜어트 브랜드Stewart Brand는 이 사진을 쓴 것은 "공동 운명체 의식과 함께 적응 전략을 환기하는 강력한 상징으로 봤기 때문"이라고 설명했다.

1972년 아폴로 17호는 지구에서 4만 5,000킬로미터 떨어진 거리에서 지구를 촬영했다. 태양 빛이 지구 전체를 비춘 완전히 둥근 지구, 나사의 공식 명칭 AS17-148-22727, 'The Blue Marble'이다. 아름답지만 연약해 보이는 푸른 구슬은 '환경의 시대'를 여는 계기를 마련했다.

"오직, 하나뿐인 지구를 지키자Only, One Earth."

1972년 6월 5일 스웨덴 스톡홀름에서 최초의 세계환경회의가 열렸다. 환경 파괴로부터 아름다운 지구를 지키기 위해 전 세계의 협력과 노력을 담은 '인간환경선언Declaration on the Human Environment'이 발표되고 UN의 환경 전담 국제기구인 유엔환경계획UNEP이 출범했다. 이념을 넘어, 체제를 넘어, 국경을 넘어 공동으로 지구환경을 지키고 보호할 수 있는 계기가 마련된 것이다. 블루 마블은 환경운동의 대표 이미지로 사용된다. 매년 6월 5일 '세계 환경의 날'이나 4월 22일 '지구의 날'이 되면 다양한 색으로 표현된 푸른 구슬 이미지를 볼 수 있다.

2012년 나사는 극궤도 수오미 NPP 위성 데이터를 통해 '더 블랙 마블The Black Marble', 즉 '검은 구슬'을 공개했다. 이 사진은 녹색부터 근적외선까지 파장의 빛을 감지하며 필터링 기술을 사용하는 초강력 가시 적외선 이미지 라디오미터 스위트VIIRS에 의해 가능했다. "도시 불빛보다 인간이 지구 전체로 퍼져나가는 모습에 대해 더 많은 정보를 제공하는 것은 없습니다." 미국 해양

대기청NOAA 과학자 크리스 엘비지의 말이다. 블랙 마블은 빛 공해light pollution로 별을 보기 힘든 시기에 새로운 환경운동의 계기를 마련해주고 있다.

우주로 보낸 지구의 타임캡슐

"우주는 우리가 상상하는 것보다 훨씬 더 넓고 크며 우주와 시간은 무한하고, 무한히 넓은 우주에는 생명체가 존재할 것이다." 이런 '무한 우주론'을 주장했던 이탈리아의 철학자 지오다노 브루노Giordano Bruno, 1548~1600는 당시 교황청에 의해 화형당했다.

우주는 오늘날에도 여전히 신비로운 미지의 공간이다. 인류는 그곳으로 지구의 소식을 담아 타임캡슐을 보내기 시작했다. 1972년과 1973년에 발사된 파이어니어 10호와 11호에는 인류의 메시지를 그림으로 적은 금속판을 장착해 발사했다. 금속판에는 인간 남녀의 모습과 태양계에 관한 정보를 담은 기호가 그려져 있어 금속판 그림엽서에 가까웠다.

인류의 메시지를 탐사선에 실어 보내는 아이디어는 과학평

론가 에릭 버제스Eric Burgess, 1920~2005가 처음 주장한 후 칼 세이건Carl Sagan, 1934~1996의 제안으로 실현되었다. 다른 외계 생명체가 금속판을 발견할 경우 외계 생명체에게 지구의 존재를 알리고 문화적 교류를 하기 위해서다.

1977년에 발사된 보이저 1호와 2호는 골든레코드를 몸체에 부착한 채 지구를 떠났다. 12인치 구리 디스크 표면에 금박을 입힌 LP 레코드 3장이 케이스에 담겨 보이저 탐사선에 부착되어 우주로 향한 것이다. 레코드의 이름은 '지구의 소리The Sound of Earth', 여기에는 사진, 음악, 소리 그리고 인사말이 담겼다. 나사는 이 골든레코드를 지구의 타임캡슐이자 외계인에게 보내는 편지라고 말했다.

골든레코드는 우주에서 본 지구의 모습, 바다의 풍경, 드넓은 초원 등 지구의 환경과 인류의 문명을 담은 사진 116장의 이미지를 주파수로 인코딩한 후 이를 디스크에 기록한 것이다. 아기에게 젖을 주는 엄마를 비롯해 인간에 관한 사진이 포함되어 있지만, 전쟁이나 종교에 관한 사진은 제외했다. 이 밖에도 인간 해부도, DNA 구조, 세포분열, 지구에서 쓰이는 기호, 인류가 알아낸 대략적인 과학 이론, 인간의 수 체계와 단위, 지구의 천문학적 위치를 나타낸 지도 등이 담겨 있다.

베토벤, 모차르트, 바흐의 작품 외에 페루와 일본 등 여러 나라의 음악 27곡을 실었다. 화산, 지진, 천둥소리에서 새, 고래 소리까지 지구를 대표하는 소리 19개와 6,000년 전 메소포타미아문명 수메르 지역에서 사용한 아카디아어를 포함한 55개국의 다양한 언어로 녹음된 환영 인사도 넣었다. 1970년대 후반의 기술로 당시의 인류에 대한 자료를 담은 것이다.

칼 세이건은 골든레코드를 '인류의 유서'라고 말했다. 보이저호 제작 당시는 미소 냉전으로 핵전쟁이 발발해 인류가 망할 것이라는 예상이 있었다. 인류가 멸망한 다음 이 골든레코드가 발견되리라 생각해 지구와 인류에 대해 기록한 것이다. 제작에 참여한 과학자들은 레코드에 담은 내용을 '인류의 마지막 기록'이라 생각했다고 한다. 2020년, 보이저호는 지금도 무사히 우주를 여행하고 있다.

/ 김은경

참고 자료

강태길, 『세이건 & 호킹: 우주의 대변인』, 김영사, 2006 | 칼 세이건 외, 『지구의 속삭임』, 김명남 옮김, 사이언스북스, 2016 | 제프리 클루거, 『인류의 가장 위대한 모험 아폴로 8』, 제효영 옮김, 알에이치코리아, 2018

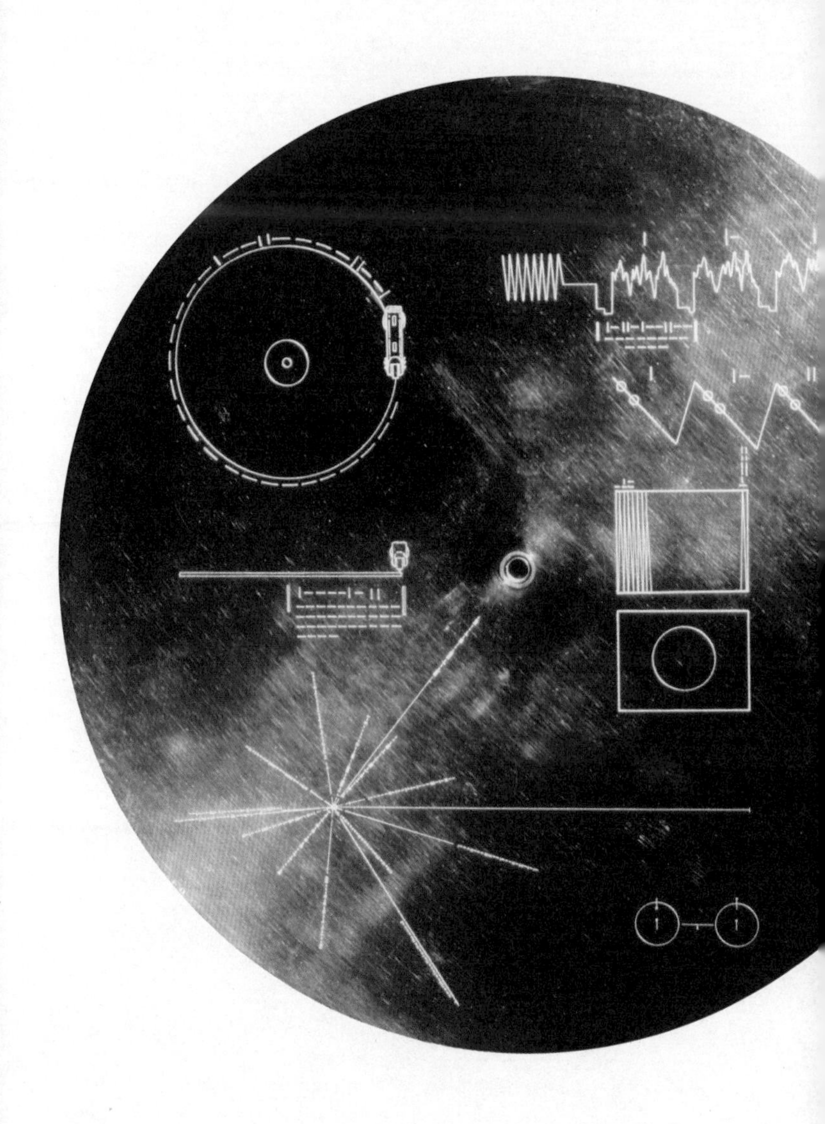

골든레코드의 커버.

HOMO MEMORIS

13

아들의 빈방

ON AIR 아들의 빈방 20190418 / 1969년 그가 보낸 편지 20190501

대답 없는 너

"우리 아들 못 봤소? 주열이 못 봤소?"

주열이가 돌아오지 않은 지 4일째.

데모대의 선두가 마산상고 학생들이라고 했다.

혹시 주열이가 거기에 휩쓸린 건 아닐까?

마산을 다 뒤져서라도 주열이를 찾아야 한다.

"내 아들 못 봤소? 남원에서 마산으로 시험 보러 온

열여섯 살 학생이오."

지나가는 이들, 마주치는 이들에게 주열이 행방을 물었다.

그들은 내가 미친 사람인 줄 알고 멀찍이 피했다.

주열이가 돌아오지 않은 지 11일째.

"주열이 못 봤소?"

그간 내 소문이 났는지 주열이에 관해 물어도 사람들이 전처럼 피하지 않는다. 밥을 주는 사람도 있고 옷을 갈아입혀 주는 사람도 있었다. 그들은 내게 미안해했다.

경찰이 시체를 수장했다는 풍문이 나돌았다. 어떤 아이가 봤다고 한다. 마산시청 저수지의 물을 퍼내기로 했다. 다행이다. 아무것도 발견되지 않았다. 희망이 있다. 몇 년 몇 달이 걸리더라도 주열이를 꼭 찾고야 말겠다.

경찰서장이 남원으로 돌아가라고 했다. 내가 돌아다녀서 마산이 더 시끄럽다며 현상금을 걸어서라도 주열이를 찾아준다고 한다. 남편의 병세가 나빠졌다는 연락을 받았다. 남원으로 돌아가야 한다.

실종 학생 참살.

1960년 4월 11일, 드디어 주열이를 찾았다. 27일 만이다. 얼굴에 최루탄이 박힌 참혹한 모습으로.

마산 사람들이 위로해주었다. 어머니가 보면 실신했을 테니

어머니 눈에 안 띄려 늦게 나타난 거라고. 주열이는 죽어서도 효자라고.

아들에게 태극기를 덮어주고 그 곁을 지켜준 마산 시민들. 제주, 부산, 광주, 청주, 인천, 춘천, 서울 사람들이 거리로 쏟아져나와 주열이 네 이름을 외치는구나. 대답 없는 너를 부르는구나.

1969년, 그가 보낸 편지

"저는 개인적으로 일회용품이라는 느낌을 많이 받아요. 하나의 자재 같은 거예요. 시키면 시키는 대로 하는 사람이고……."
"항상 쓰고 버려진다. 그런 기분이 더 많이 들었죠."
"현장에서는 그런 말이 있어요. 다치면 너만 손해다. 다치면 너를 보호해줄 사람이 없다. 사람이 안 다치는 환경에서 일하게 해주는 게 그렇게 어렵고 돈이 많이 드는 일인가……?"
청년 실업률 10.2퍼센트, 청년 실업자 42만 6,000명(통계청, 2020년 5월). 2020년을 살아가는 청년 노동자들의 목소리다.

이들은 인력충원과 노동환경 개선, 부당 정리해고 해결 그리고 노동3권 보장을 요구했다.

1970년 근로기준법 준수를 외친 스물두 살 평화시장 노동자 전태일. 그가 이 시대 청년 노동자에게 편지를 보냈다.

사랑하는 친구여, 받아 읽어주게.

나를 아는 모든 이여, 나를 모르는 모든 나여.
부탁이 있네.
나를, 지금 이 순간의 나를 영원히 잊지 말아주게.
그대들이 아는, 그대 영역의 일부인 나.
그대들의 앉은 좌석에 보이지 않게 참석했네.
미안하네, 용서하게.
테이블 중간에 나의 좌석을 마련하여주게.
그대들이 아는, 그대들의 전체의 일부인 나.
힘에 겨워 힘에 겨워 굴리다 다 못 굴린,
그리고 또 굴려야 할 덩이를 나의 나인 그대들에게 맡긴 채,
잠시 다니러 간다네, 잠시 쉬러 간다네.
어쩌면 반지의 무게와 총칼의 질타에

구애되지 않을지도 모르는, 않기를 바라는

이 순간 이후의 세계에서,

내 생애 다 못 굴린 덩이를, 덩이를 목적지까지 굴리려 하네.

이 순간 이후의 세계에서 또다시 추방당한다 하더라도

굴리는데, 굴리는데, 도울 수만 있다면,

이룰 수만 있다면.

안녕하게. 친구여.

문화재가 된 기록

1960년 3·15 부정선거를 규탄하는 마산 학생 시위에서 숨진 김주열 열사. 마산 중앙부두 앞바다에 떠오른 그의 사진은《부산일보》허종 기자에 의해 세상에 알려졌다. 최루탄이 눈에 박힌 처참한 김주열 열사의 사진은 4·19혁명의 기폭제가 되었다. 4·19혁명은 학생과 시민이 주도해 제4대 대통령과 제5대 부통령 선거 부정 그리고 독재 정권에 항거한 민주주의 혁명으로, 이 과정에서 경찰의 무차별 발포와 폭행으로 많은 희생자가 발생했다.

문화재청은 김주열 열사 사진을 비롯한 7건의 유물을 민주화 문화유산으로는 처음으로 국가등록문화재 등록을 추진하고 있다. 국가등록문화재는 지정문화재가 아닌 문화재 중 건설 제작 형성된 후 50년 이상 경과한 것 가운데서 선정한다. 국가등록문화재는 2001년 7월 도입되어 시행 중인 제도로 근대 이후 만들어진 문화유산 중 보존과 활용이 특히 필요하다고 인정되는 근대 문화재를 대상으로 한다.

국가등록문화재로 추진 중인 유물은 고려대학교 4·19의거 부상 학생 기록물, 연세대학교 4월혁명 연구반 수집 자료, 김주열 열사 사진(《부산일보》 허종 기자 촬영), 자유당 부정선거 자료, 이승만 사임서, 마산 지역 학생 일기, '내가 겪은 4·19 데모'(1960년 4월 19일 동성고 학생들의 시위 참여 경위를 기술한 이병태 학생의 일기) 총 7건이다.

추진 유물 중 연세대학교 4월혁명 연구반 수집 자료는 연세대학교 정치외교학과 4학년 학생들의 주도로 4·19혁명 참여자 186명의 구술을 기록한 자료다. 서울뿐 아니라 부산, 대구 2·28, 마산 3·15 시위 참여자를 대상으로 구술 조사한 것으로 현재까지 유일한 자료다. 서울에서는 4·19 데모 목격자와 인근 주민 조사, 교수 데모 실태 조사, 사후 수습 사항 조사, 연행자 조사, 부상자 실태 조사, 데모 사항을 조사했고, 대구, 부산, 마산에서는 연행자와 사후 수습 사항, 부상자 실태 조사, 데모 사항을 조사한 기록이다. 데모 사항 조사서에는 참여 동기 및 경과, 시간, 장소, 해산 과정에서 경찰과 깡패와의 충돌, 부상, 살상, 공포 등이 매우 자세히 기록되어 있다. 해당 유물은 4·19혁명이 진행 중이던 3월과 4월 시위에 참여한 학생과 시민 들을 직접 찾아다니며 질문하고 작성한 설문지로 현장의 실증적 기록이다.

당시 조사를 맡은 정치외교학과 4학년 학생 김달중, 안병준 씨는 "눈앞에서 벌어지는 이 엄청난 일들이 훗날 대한민국 역사에서 가장 중요한 사건의 하나가 될 것을 직감하고, 이 상황을 기록해 역사 자료로서 후세에 남겨야 한다는 사명감"을 갖고 있었다고 회고했다. 연세대학교 4월혁명 연구반이 수집해 연세대학교

박물관에 남긴 자료는 면담조사록, 계엄사령부 포고문, 시위대의 플래카드와 완장, 보도자료, 시위대 사진 등 2,688점에 달한다.

기록의 역사적 가치는 영구 보존해 후대에 전승할 필요가 있는지에 따라 결정되며, 기록물의 역사적 가치는 현재와 미래에 이용 가능 여부에 따라 결정된다.

삶의 기록, 봄길 박용길

개인 기록은 '개인이 개인 업무나 개인사와 관련해 생산 수집한 기록으로 일기나 메모, 편지, 취미 활동과 관련된 문서들'을 말한다. 개인 기록은 영구 기록으로서 공공 기록과는 달리 개인의 가치관과 정신을 계승할 수 있는 고유한 가치를 지닌다. 개인 기록물 속에 담긴 가치를 이해하고 판단하기 위해서는 기록물의 생산 주체 혹은 수집 주체인 개인에 대한 이해가 선행되어야 한다.

봄길 박용길(1919~2011) 장로는 늦봄 문익환(1918~1994) 목사의 부인이자 동지로서 평생을 민주화운동과 통일운동에 헌신했다.

문익환 목사는 1976년 명동성당 3·1절 기념미사에서 발표한 민주구국선언 사건으로 구속되어 10년 넘게 옥고를 치렀다. 3·1 민주구국선언 구속자의 가족들은 감옥 밖에서 다른 가족들과 연대해 함께 싸웠다. '구속자가족협의회'에서 '양심수가족협의회'로, 1985년 '민주화실천가족운동협의회'로 단체명을 바꾸며 가족 투쟁 조직으로 성장해갔다. 이 과정에서 박용길은 시위의 모든 상황을 기록하고 시위와 관련된 전단, 배지, 편지 등을 꼼꼼히 수집했다. 1976년의 기록이다.

제1회 5월 4일 검은 십자가를 입에 붙이고 침묵 시위
제2회 5월 15일 방청권 태움
제3회 5월 29일 공정재판 부채를 들고
제4회 6월 5일 양산(민주인사 석방하라)
제5회 6월 12일 붉은 십자가를 달고

문익환 목사가 1978년 유신헌법의 비민주성을 폭로한 후 두 번째로 수감되자 박용길은 매일 편지를 보냈다. 수감자는 한 달에 한 번 편지를 보낼 수 있었다. 그들이 주고받은 옥중서신 3,000여 통이 남아 있다. 문익환 목사가 소천한 후 박용길 장로가 마지막으로 쓴 편지다.

7·7선언이 나온 지가 언젠데 왜 오도 가도 못 하고 눈만 흘기는 거죠? 젊은이들의 기막힌 죽음을 막기 위해 아흐레 동안 평양을 다녀온 것이 죄가 되어 당신은 마흔한 달을 감옥에서 지내셨습니다. 제가 매일 편지를 써 보냈다고 해서 그게 뭐 그리 위로가 되었겠습니까?

당신은 불평 한마디 없이 감사, 감사하다며 잘도 참아내셨습니다. 당신은 감옥마다 죄수가 하나도 없어 백기가 올라가는 세상이 되었으면 하고 꿈을 꾸셨지요. 그래서 이러한 편지들이 오고 가지 않고 사랑하는 사람들이 오순도순 믿고 의지하면서 웃으며 같이 살아가는 세상이 속히 왔으면 하셨지요. 그리고 우리가 원하는 통일조국이 어서 이루어져서 하나가 되는 세상이 되었으면 하고 몸을 애끼지 않고 뛰어다니셨죠. 당신은 그 많은 생각과 포부와 희망들을 두고 가셨지만, 남은 사람들은 조금이나마 그 뜻을 이루기 위해서 힘써 나가겠습니다. 주님의 품에서 편히 쉬십시오.

1994년 3월 20일 봄길

박용길 장로는 1994년 이후에도 일상사에서 구속자 가족들의 이야기, 교회 주보 등 자신의 주변에서 일어나고 보고 들은 일을 기록했다. 문익환 목사와 박용길 장로가 살던 살림집은 '문익환 통일의 집'으로 2018년에 박물관으로 재개관해 시민에게 공개되었다. 이곳에는 한국 민주화운동의 시작인 문익환과 그의 동지 박용길의 삶의 기록이 남아 있다.

/ 김은경

참고 자료

조영래, 『전태일 평전』, 전태일재단, 2009 | 정경아 엮음, 『봄길 박용길』, 삼인, 2020 | 「3·15를 있게 한, 김주열 열사 어머니」, 《시사IN》, 2014년 3월 15일 | 「4월 혁명과 어머니」, 《경향신문》, 1960년 5월 8일 | EBS 〈다큐프라임〉 '2017 시대탐구 청년—1부 보통의 날들', 2017년 3월 14일 | 「연세가 기록한 1960년 4월 혁명」, 연세대학교 공식 블로그, 2020년 4월 20일 | 변선영, 「2020년 육군 6·25 전쟁기록의 유형과 가치—육군 6·25 전쟁기록의 국가등록문화재 지정과 관련하여」, 《기록과 정보·문화 연구》 제10호, 2020 | 오명진, 「개인기록의 특성과 기록화 전략」, 《한국기록학회》 제53호, 2017

HOMO MEMORIS

14

눈물을 재촉하는

ON AIR 20190325

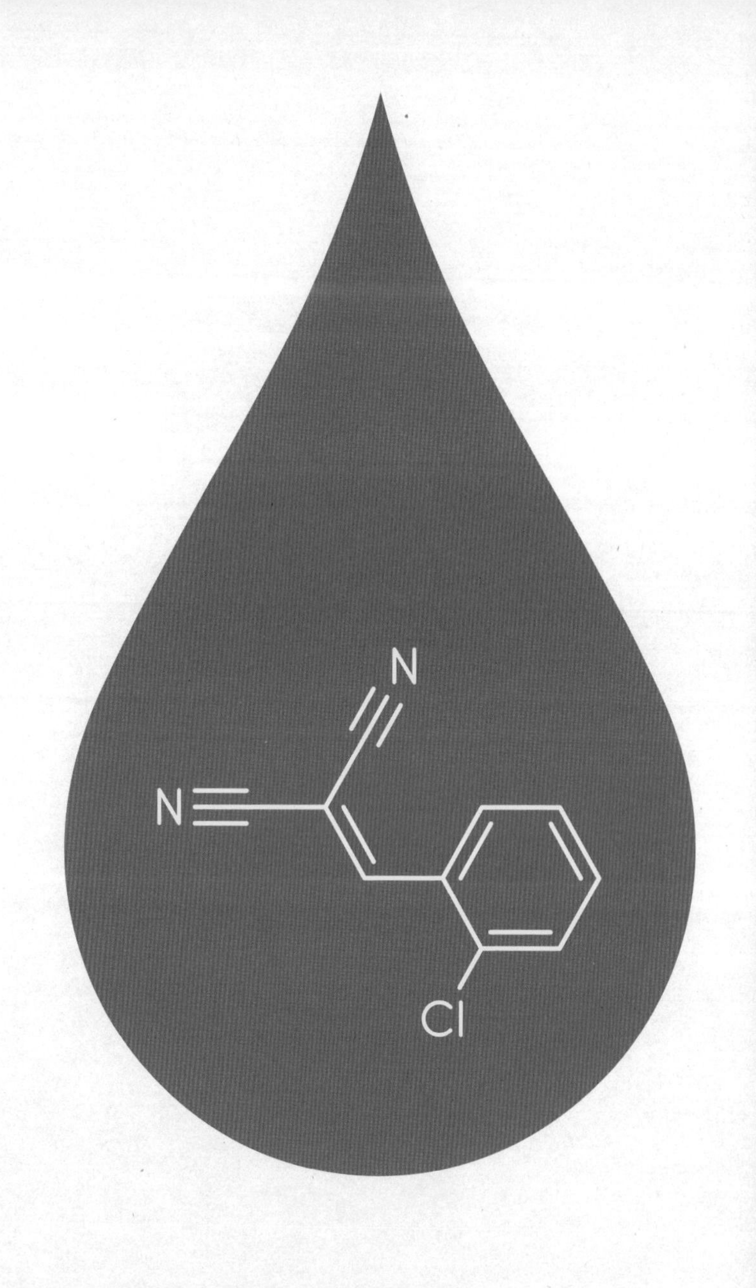
N
N
Cl

chlorobenzylidene malononitrile

최루가스

청년 이한열의 죽음

1928년 미국의 한 연구실에서 발견된 화학물질 클로로벤질리딘 말로노니트릴chlorobenzylidene malononitrile은 눈물샘을 자극하고 호흡을 방해해 기침과 눈물을 참을 수 없게 만드는 최루 가스tear gas다.

1930년부터 전 세계 대규모 시위 진압에 소비되었고, 한국에서 1975년부터 개발된 최루탄은 1987년 최대 호황을 누렸다. 최루탄 제조회사 삼양화학 한영자 회장은 1987년 28억 원으로 개인소득세 납부 1위를 차지했다.

1987년 하루 평균 쏟아진 최루탄은 약 1,845개. 그중 한 발의 최루탄이 이한열을 향했다.

"한열이를 살려내라."

1987년 6월 9일 최루탄에 맞은 21세 청년 이한열의 죽음은 6·10민주항쟁의 기폭제가 되었다. 대통령 직선제, 민주헌법 쟁취를 외치며 6월 10일부터 17일간 약 500만 명이 참여한 전국 규모의 항쟁이었다.

1998년 집회 시위 현장에서 '최루탄 무사용' 선언에 이어 2018년 9월 최소 수량을 제외한 최루탄 전량이 폐기되었다. 한국전쟁 중 등장해 2018년 가을 전량 폐기된 한국 최루탄의 역사는 아직도 끝나지 않았다.

"베르킨은 영원하다."

2013년 6월 16일 터키에서 부패한 정권에 맞서 벌어진 시위. 빵을 사러 가다 최루탄에 맞은 14세 소년 베르킨 엘반Berkin Elvan은 269일간 의식불명 끝에 세상을 떠났다. 베르킨의 죽음은 약 200만 명이 참여한 대규모 시위의 기폭제가 되었다. 2015년 한국은 세계 12개국에 최루탄 196만 발을 수출했다. 그중 88퍼센트인 173만 발이 터키로 수출되었다. 베르킨의 생명을 앗아간 최루탄은 한국에서 제조한 것이었다. 최루탄의 비극은 지금도 계속되고 있다.

essard
fumes
PANYA
adet 9

터키 앙카라에서 일어난 시위.

세계의 기억

'세계의 기억Memory of the World'은 1992년 유네스코에서 세계 각국의 기록유산 보존을 위해 시작한 프로그램이다. 인류의 문화를 계승할 중요 기록유산들이 훼손되거나 사라지지 않도록 이를 보존하고 이용하기 위한 것이다. 세계의 기억은 세계 여러 민족의 집단 기억을 문서화한 것으로 인류 공동체의 과거 유산을 의미한다. 우리나라에서는 '세계의 기억'이 아닌 '세계기록유산'으로 번역해 통용된다. 세계기록유산으로 등재되기 위해서는 기록물이 진정성authenticity, 독창성·대체 불가능성uniqueness, 세계적 중요성world significance을 갖춰야 한다.

1976~1983년 사이 아르헨티나 군사 정권에 의해 자행된 탄압 정책을 '더러운 전쟁Guerra sucia'이라고 한다. 아르헨티나 정부뿐 아니라 중남미 지역 우익 독재 정권 전반이 저지른 국제적인 사건이었다. 군부 쿠데타로 정권을 잡은 호르헤 비델라는 통치 안정을 위해 좌익들과 민주주의자들을 일소하기 위해 불법 체포, 고문, 살해, 성폭행, 실종 등을 광범위한 계획하에 실행했다. 희

생자 수는 유가족들에 의하면 3만 명에 이른다고 한다. 2003년 키르치네르 대통령의 과거사 청산을 통해 인권유린 사례, 재판 녹취록, 영상 자료, 언론 자료, 실종자와 가족들의 DNA 뱅크 등 150만 건의 자료를 모아 디지털화했다. 아르헨티나 인권 기록유산은 2007년 세계기록유산에 등재되었다.

2011년 5월 25일 '5·18 광주민주화운동기록'이 세계기록유산에 등재되었다. 등재기록물은 5·18 민주화운동을 진압한 군과 중앙정부 등 국가기관이 생산한 자료, 군 사법기관의 수사기록·재판기록, 김대중내란음모사건 기록, 시민성명서, 사진·필름, 병원 치료 기록, 국회 청문회 회의록, 피해자 보상 자료, 미국 비밀해제 문서 등 4,271개의 기록 문서철과 필름 2,017개 등이다.

'5·18 광주민주화운동기록' 등재는 불의한 국가권력에 저항한 광주 시민의 고귀한 희생정신에 대해 국제사회가 공인한 것으로, 인류의 보편적 가치인 인권과 민주 평화의 정신은 전 세계인이 공유하고 계승해야 할 역사적 가치를 지닌다는 의미다.

제주특별자치도에서는 제주 4·3사건에 대한 세계기록문화유산 등재를 준비하고 있다. 제주 4·3사건은 1948년 4월 3일 발생해 당시 제주도 인구의 약 10퍼센트에 해당하는 3만여 명의 희생자를 낳았다. 1987년에 시작된 제주 4·3사건 진상 규명 노력은 2000년 '제주 4·3사건 진상 규명 및 희생자 명예회복에 관한 특별법'이 제정되어 정부 차원의 진상 규명이 이루어졌다. 2003년 10월 노무현 대통령은 제주 4·3사건 발생 55년 만에 과거 국가권력의 잘못을 유족과 제주도민에게 사과했다. 해방 이후 과거사에 대한 국가 차원의 사과는 처음이었다.

정부가 2003년 10월에 발간한 '제주 4·3사건 진상조사보고서'에는 사건의 진상 규명과 희생자와 유족의 명예회복에 관한 내용이 담겨 있다. 이는 제주 4·3사건의 기록물이 있었기에 가능했다. 2014년에 4월 3일을 '제주 4·3사건 희생자 추념일'로 지정해 제주도민뿐 아니라 국가적 기념일이 되었다.

4·16기억저장소:
잊지 않겠습니다

4·16기억저장소는 세월호 참사로 희생된 단원고등학교 학생 250명, 교사 11명, 일반인 희생자 43명의 삶의 기록을 보관한 곳이다. 세월호 참사 증거 기록, 참사 관련 공공 기록, 참사 추모 기록, 피해자단체 활동 기록, 시민 및 시민단체 활동 기록, 공동체

의 치유와 회복 기록, 진상 조사 및 배·보상 관련 기록, 기념 시설 건립에 관한 기록 등이 포함되었다.

2014년 4월 15일 인천 연안여객터미널을 출발해 제주도로 향하던 여객선 세월호는 4월 16일 전남 진도군 병풍도 앞 인근 해상에서 침몰했다. 이 사건으로 탑승객 476명 가운데 172명만이 구조되었고, 304명의 사망·실종자가 발생했다. 세월호 사건은 한국전쟁 이후 대한민국에서 일어난 최악의 참사였다.

'세월호 참사 시민기록위원회'(이하 시민기록위원회)는 2014년 4월 16일 참사 당일부터 안산에서 기록 활동을 시작했다. 시민들의 자발적인 모임에서 출발해 사무국, 영상기록단, 작가기록단, 학자기록단을 조직해 활동했다.

'세월호 시민아카이브 네트워크'는 기록관리단체협의회에서 기록 전문가들에 의해 구성되었으며, 자원봉사단도 결성했다. 추모 기록을 중심으로 한 전국 기록 수집을 위해 전국 기록학 대학원에서 소재지 분향소 추모 기록물을 관리한다. 이후 참여연대, 경제정의실천연합, 인권운동사랑방 등 시민사회단체의 참여로 '세월호를 기억하는 시민네트워크'(이하 시민네트워크)로 발전했다. 2014년 8월 31일 그동안 수집한 시민기록위원회의 기록과 시민네트워크의 기록을 가족대책위원회에 기증했다. 이렇게 비영리 민간기록관리 기관 '4·16기억저장소'가 시작되었다.

기억은
기록을 통해
살아날 수 있다.

기억하기 위해
기록을 남기고
기록은
희망이 된다.

4·16기억저장소는 세월호 참사의 기억과 기록을 미래 세대에 전달해 지속 가능한 안전 사회를 건설하고, 세월호 참사 이전과는 다른 사회를 만들기 위한 노력을 펼치고 있다. 『그날을 말하다』(한울, 2019)는 4·16기억저장소 구술증언팀이 2015년 6월부터 4년간 진행한 세월호 참사 피해자들에 대한 구술 증언을 책으로 엮은 것이다. 피해자 가족 88권, 동거차도 어민 2권, 유가족공동체 단체 6권 등 100권으로 구성되었다. 『그날을 말하다』 100권에는 참사 발생 직후 팽목항과 진도, 바다에서의 초기 상황에 대한 증언과 자녀를 잃은 학부모의 심정이 그들의 목소리 그대로 담겨 있다.

"너무나도 마음이 아파서 들춰내기 싫어하는 기억을 기록으로 남기는 것은 그 아픔과 희생을 잊지 않고 기억하고자 함이며, 안전한 사회에 대한 염원이 너무나도 간절하기 때문이다. 시간이 흘러 사람들에게서 세월호 참사가 잊힐 무렵 『그날을 말하다』는 교육적·역사적·상징적 가치를 더해 기록유산으로 남게 될 것이다."

사단법인 4·16세월호참사가족협의회 전 운영위원장이었던 단원고등학교 2학년 7반 전찬호 학생의 아버지 전명선 씨의 말이다.

2014년 세월호 참사 후 많은 시민이 "잊지 않겠습니다", "가만히 있지 않겠습니다"라고 약속했다. 점차 희미해지는 기억은 기록을 통해 살아날 수 있다. 기억하기 위해 기록을 남기고, 기록은 희망이 된다.

/ 김은경

참고 자료

김정희, 『1987 이한열』, 《사회평론》, 2017 | 김익한, 「'세월호 기억저장소'를 만들자」, 《역사비평》 제107호, 2014 | 심성보, 「4·16 세월호 참사 기록, 어떻게 할 것인가?」, 《내일을 여는 역사》 제57호, 2014 | 김진성, 「세월호 참사에 관한 기록정보관리 분야의 사회적 역할」, 《기록학연구》 제44호, 2015 | 홍영의, 「4·16 참사 기억·기록 운동의 전개 과정과 의미: 2014년 '세월호 참사'시민기록위원회의 조직과 활동」, 《한국기록관리학회 학술논문집》 제43호, 2015 | 이정연, 「인권기록유산 가치와 지평의 확산: 5·18민주화운동기록물을 중심으로」, 《기록학연구》 제45호, 2015 | 안병우, 「세월호 사건 기록화의 과정과 의의」, 《기록학연구》 제44호, 2015 | 현수정, 「세계기록유산(Memory of the World)으로서 4·3기록물의 의미와 가치」, 《4·3과 역사 제19호》, 2020

HOMO MEMORIS

15

다시는 고향에 돌아가지 못하리

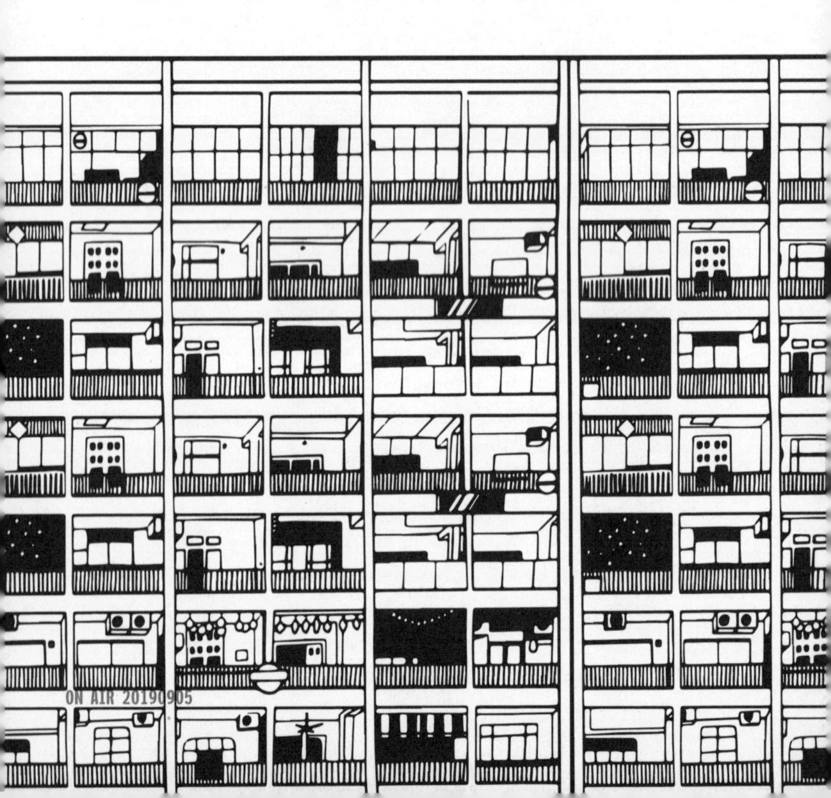

ON AIR 20190905

오래된 주공 아파트와의 이별

1970~1980년대 산업화의 물결을 타고 고향을 떠나 도시로 몰려든 사람들. 그들에게는 '집'이 필요했고 '아파트'는 빠르게 보급할 수 있는, 도시의 새로운 집이었다.
그러나 삭막한 콘크리트 숲을 고향으로 여기는 이는 없었다. 치열한 경쟁을 뚫고 입주에 성공한 부모는 기쁨에 겨워하면서도, 아이들에게서 고향을 빼앗아 미안하다고 했다. 편리한 시설, 든든한 자산, 최적의 교육 여건을 갖췄으나 멋도 없고 정도 없는 이 삭막한 콘크리트 숲이 정겹고 그리운 고향이 될 리 없다고 생각한 것이다.
아파트는 생존과 성공을 위해 선택한 타향이었다.

막상 살아보니 달랐다. 입주민들은 너나없이 이웃의
아이들을 챙겼다. 널찍한 공터는 봄여름이면 아이들이
뒹구는 잔디밭이 되고, 한겨울이면 다 같이 몰려나와
눈사람을 만드는 놀이터가 되었다. 공용 복도와 현관에는
어른들 사이의 정겨운 수다가 흘렀다.
그렇게 정은 깊어지는데 아파트는 닳고 낡아갔다. 30년을
훌쩍 넘긴 아파트 단지는 철거 대상이 되었다.
아파트는 가꾸고 고치며 대를 물려 보존할 집이 아니다.
아파트 공화국에서는 그것이 섭리다.

그런데 그 시절 아이들이 돌아왔다. '고향'과 이별하기 위해,
사라지기 전까지 머물며 언제든 생생히 꺼내볼 기록으로
남기겠다고 한다. 거창하지는 않다. 그저 손때 묻은 놀이터
그네를 만져보고 제 키를 대보던 나무를 보듬는다.
그 시절 이웃들도 시시콜콜한 추억을 떠올려 기록을 보탠다.
미끄럼틀이 철거되던 날에는 다 같이 모여 불꽃놀이를 했다.
단지 사이로 무성한 나무숲을 탐방했다.
그렇게 아파트 단지에 대한 애도가 이어졌다.
인생의 한 시기, 우리는 그곳에 정착했다.
세월을 살았고 추억을 쌓았다.

그곳이 우리의 고향이 아닐 리 없다.
새로운 타향으로 떠난 이웃들은 어떨까?

언젠가 낡아서 부서질 그곳도 우리의 고향과 같을까?

아파트, 한국인의 집이 되기까지

우리나라 최초의 아파트는 1932년 서울 서대문구에 일본인이 지은 충정아파트다. 한국인이 세운 최초의 아파트는 1958년 성북구에 지은 종암아파트먼트하우스로 4층 높이에 152가구가 살았다. 유명인들이 입주한 고급주택이라는 명성은 있었으나 크게 선망하지 않는, 집 안에 화장실을 둔 낯선 문물이었다.

1962년에는 최초의 아파트 단지가 들어섰는데 6층짜리 10개 동의 마포아파트였다. 당시 박정희 국가재건최고회의 의장이 완공식에 참석해 '인구의 과도한 도시 집중화와 그에 따른 주택난을 해결할 방법'으로 아파트를 지목했다. 그로부터 국가가 주도하는 '시민아파트'가 우후죽순 건설되었다. 서민들이 살던 곳곳, 산비탈 판자촌까지 강제로 허물고 깎은 자리에 아파트가 들어섰다. 그래도 '집'의 대세가 되지는 못했다. 더욱이 시민아파트 건립이 절정에 달하던 때 마포 와우아파트 붕괴 사고(1970)가 발생했다. 하지만 이미지를 쇄신하는 데 긴 시간이 걸리지는 않았다. 이듬해인 1971년 싱크대와 중앙난방을 갖춘 한강맨션아파트와 엘리베이터가 설치된 여의도 시범아파트가 등장했다. 이내 아파트는 중산층이 살 만한 안전하고 편리한 집이라는 인식이 싹텄다. 1970년대 중반부터 1980년대를 지나면서는 보편적인 주거 형태로 자리 잡았다. 내 집을 마련하려는 이들에게 모델하우스, 청약, 분양은 필수 코스가 되었다. '복부인'이라는 신조어가 등장했고, 아파트를 전면에 내세운 강남 개발이 본격적으로 시작되었다. 88서울올림픽을 전후해 '강남 불패' 신화를 덧입은 1990년대의 아파트는 꿈과 욕망을 상징하는 한국인의 주택 그 자체였다. 이후 건설업체의 치열한 경쟁 속에서 '브랜드'로 서열과 가치를 매기는 시대로 접어든다.

프랑스의 건축가이자 도시계획가인 르코르뷔지에가 미래주택 개념으로 주창한 '아파트먼트'는 프랑스에서조차 대부분 슬럼화했다. 그런 상황에서 프랑스의 지리학자 발레리 줄레조는 1990년대 한국의 아파트를 보고 충격을 받았고 10여 년 연구 끝에 『아파트 공화국』(2007)이라는 진단을 내놓는다. 말 그대로 한국은 아파트 공화국이다. 1970년 서울에서 단독주택의 비율은 85퍼센트였으나 2020년에는 85퍼센트의 공동주택이 들어서 있다. 이 가운데 60퍼센트가 아파트다. 이런 비중과 추세는 전국적이다. 우리나라 전체 2049만 가구의 61.4퍼센트가 아파트에 산다(통계청, 2018 인구주택총조사). 이 압도적인 수치는 발레리 줄레조의 지적처럼 세계 어디에서도 비슷한 사례를 찾아볼 수 없는 부자연스러운 현상이다. 고밀도 초고층 아파트(16층 이상)에 대한 선호 역시 한국만의 특수한 현상이다.

고층 아파트 덕분에 한국의 주택보급률은 이미 100퍼센트를 넘어섰다. 그러나 역설적으로 '내 집 마련' 측면에서 보면 아직 결핍 상태다. 자가 주택 보유율은 '내 집을 꼭 마련하겠다'(85.1퍼센트)는 의사보다 24퍼센트 정도 낮다(국토교통부, 주거실태 조사 결과, 2018). 이 격차를 줄일 현실적 수단으로 채택되는 방안이 새로운 아파트 건설이다.

한편 기존 아파트로는 감당할 수 없는 시대의 변화가 있다. 1970~1980년대 이래로 4인 가족 기준의 아파트가 표준 모델이었지만, 2020년 현재 전체 가구의 29.8퍼센트가 1~2인 가구다. '내 집 마련'의 주역 또한 베이비붐 세대에서 에코붐 세대로 교체되었다. 이들 역시 자산으로서의 아파트에 높은 가치를 두지만, 구체적인 요구 사항은 다르다. 에코붐 세대는 대개 아파트 키즈들이며 이들은 시설의 첨단과 편의 못지않게 자연과의 관계에 가치를 두는 경향이 있다. 최근 건설사들이 자연, 감성, 공유를 강조하며 브랜드 아파트를 짓는 이유이기도 하다.

고향과 이별하는 아파트 키즈의 자세

우리나라 아파트의 재건축 연한은 30년. 건설 붐이 한창이던 1990년대에 지어진 아파트들이 속속 재건축 대상이 되고 있다. 이 과정에서 실향失鄕을 경험하는 세대가 있다. 아파트에서 태어나 어른으로 성장한 에코붐 세대(1979~1992년 출생)와 밀레니얼 세대(1981~1996년 출생)다. 부모 세대가 아파트 입주민이나 소유주가 되는 과정에서 희망과 절망을 겪는 동안 아파트를 배경으로 유년 시절을 보낸 '아파트 키즈'들이다. 이들은 기능과 수단에 앞서 집으로서의 아파트에 정서와 애착을 체험한 첫 세대인 셈이다.

그래서 실향을 앞둔 개인의 작업으로 시작된 '안녕, 둔촌주공아파트'(2013~)는 세대의 공통 기억을 불러일으키는 프로젝트가 될 수 있었다. 서울시 강동구 둔촌주공아파트에서 어린 시절을 보낸 이인규 씨는 30대 초반, '고향'이 재건축될지 모른다는 소식에 귀향을 결심했다. 다른 이유는 없었다. 고향은 말 그대로 정겹고 그리운 곳, 언제라도 돌아갈 수 있는 곳이다. 그곳이 사라질지도 모른다고 하니 위기감과 상실감이 들었다. 사라진다면 제대로 기록해두고 싶어 그 과정을 SNS에 소개했고 잡지로도 발행했다. 그처럼 고향을 떠나 살던 둔촌주공아파트 키즈들이 모여들기 시작했다. 그들은 6년에 걸쳐 시리즈로 책을 발행했고 주민들의 기억과 정서를 기록한 다큐멘터리(라야 감독, 〈집의 시간들〉, 2018년 개봉)를 제작했다. 엇비슷한 시기에 잠실, 개포, 반포, 고덕, 과천 등지에서도 아파트 키즈들이 여러 기록물과 이벤트를 통해 고향을 기록하고 추억하는 프로젝트를 추진했다.

아파트의 역사가 본격적으로 시작되던 1970년대를 전후해 서울 인구의 20퍼센트인 약 70만 명이 쫓기듯 이사했다. 아파트 건설을 위한 철거 때문이었는데, 그 과정에서 투쟁과 폭력이 다반사로 벌어졌다. 이 지난한 역사는 1990년대까지 이어졌다. 정든 집, 그리운 고향을 잃는 마음을 보살필 여유는 없었다. 그 역사를 뒤로하고 세워진 아파트 단지들, 그곳에서 자라난 아파트 키즈들은 전에 없던 평화로운 방식으로 집의 철거, 고향의 상실을 맞고 있다.

그곳에 살았던 주민들의 삶을 충분히 기록할 뿐 아니라 거주지를 떠나지 않은 습성 탓에 생존 위기에 내몰린 길고양이들을 이주시킬 대책 모임을 결성했다. 수령이 30년을 훌쩍 넘은 단지 내 나무들의 생태를 기록하고 보존 대책까지 연구한다. 손에 꼽힐 만큼 적은 사례들이긴 하지만, 이런 과정이 개인을 넘어 사회 공동체 차원에서도 이루어져야 한다는 인식이 확산되고 있다.

서울시는 도시에 깃든 고유한 역사성을 보존하기 위해 '흔적 남기기' 프로젝트를 추진하고 있다. 재개발에 착수하기 전 대상지 내에 존재하는 유무형의 역사생활문화유산을 검토해서 건축물 일부를 보존하는 것이다. 경남 창원시와 대전시도 이 같은 흔적 남기기, 도시 기억 프로젝트에 적극적이다. 물론 공공의 기억 보존이냐 재산권 침해냐를 둘러싸고 의견 대립이 팽팽하다. 보존해야 할 가치에 대한 다른 시각들이 수시로 엇갈린다. 그러나 낡으면 부수고 밀어버리는 게 당연했던 개발의 시대에는 상상조차 하지 못했던 일이다.

2020년 철거를 마친 둔촌주공아파트. 사상 최대 규모의 재건축을 앞두고 세간의 관심은 분양가에 쏠렸다. 자연스러운 욕망이다. 그러는 한편, 서울기록원이 서울의 주택·도시계획 관련 기록을 모아 제공하는 디지털아카이브에는 '둔촌주공아파트 컬렉션'이 따로 마련되었다. 욕망으로 채워지지 않는 고향의 정서를 기록한 이들 덕분이다.

/ 이소영

참고 자료

이인규, 『안녕, 둔촌주공아파트』(1~4), 마을에숨어, 2013 | 이한진, 『과천주공아파트 101동 102호』, 주아, 2017 | 박혜윤 외, 『고덕 주공, 마지막 시간들』, 2017 | 『아파트 인생』, 서울역사박물관 기획전시 도록, 2014 | 발레리 줄레조, 『아파트 공화국』, 길혜연 옮김, 후마니타스, 2007 | 라야, 〈집의 시간들〉, 2017 | 정재은, 〈아파트 생태계〉, 2017

HOMO MEMORIS

16

별이 된 백과사전

ON AIR 20180705

Hello, World

'Hello, World'는 위키피디아 오픈 당시 첫 화면으로, 다국어 프로그래밍에 쓰이는 컴퓨터 언어다.

우주의 별만큼 많은 지식을 꿈꾸다

인류의 첫 발자국을 새긴 그 달빛 아래,

백과사전을 펼치면 속삭임이 들리는 듯했다.

우주에 내딛는 '작은 첫걸음'이 이름 모를 별들로 우리를

데려다줄 테지.

촘촘히 박혀 있는 활자와 그림들은 지미, 너를 어디로

데려갈까?

30년 후, 지미는 '실패'라는 별에 도착했다.

잘나가는 옵션거래소 직원에서 앞날을 알 수 없는 인터넷

사업가가 되기로 결심한 순간,

따분한 안정보다 재미있는 실패를 선택했다.
그리고 누구보다 꼬마 지미가 박수쳐줄 도전을 할 참이다.
무려 백과사전, 온라인 발행, 값은 무료다.
1년 뒤, 전문 집필진이 작성한 완성도 높은 지식 정보를 갖춘 '누피디아Nupedia'가 탄생했다. 그러나 수록 항목 고작 24개.
거금 25만 달러를 들였으니 값비싼 실패다.
혁명이라는 평가에 위로받고 최초라는 영광만 간직하자.
그런데 동료 래리 싱어가 제안한다.
"위키위키라는 시스템을 활용해보면 어떨까?"
그러니까 익명의 인터넷 사용자들을 자원봉사 편집자로 둔 백과사전이다. 권위를 뒤흔드는 위험한 발상이지만 흥미롭다.
실패해볼 만하다.

2001년 1월 15일 작은 첫걸음을 다시 내디뎠다. 모두에게 주어진 권한은 전문성과 완성도에 실패할 수 있는 자유.
기꺼이 시간과 정성을 쏟는 수만 명이 삽시간에 모여든다.
그러던 2013년 인류가 27만 4,301번째로 발견한 별에 이름이 부여된다. '274301 위키피디아Wikipedia.' 별이 될 자격은 충분했다. 이미 꼬마 지미가 끼고 살았던 『브리태니커』보다 더 많은 지식이 전 세계 거의 모든 언어로 공유되고 있으니까.

지미, 인류와 함께 '위대한 도약'을 한 거야.

이제 무엇을 비추며 어디로 나아갈까?

DIA
clopedia

모두의 백과사전:
종이책에서 디지털 문서까지

서양에서 백과사전Encyclopedia의 어원은 '평범한(또는 완벽한) 지식 교육'을 뜻하는 그리스어다. 원형은 플라톤의 조카가 삼촌의 사상과 아리스토텔레스의 강의를 주제별로 분류한 책이다. 또는 고대 로마 시대 해군 지휘관 플리니우스(23~79)가 편찬한 『박물지Naturalis Historia』다. 천문, 지리, 동물, 식물, 의학, 심지어 마법까지 망라했다.

동양에서는 중국의 유서類書라는 장르가 곧 백과사전百科事典이다. 고전에서 발췌한 시문詩文과 주석을 모아 유형별로 묶은 것으로 220년경 『황람皇覽』이 시초로 추정된다. 후대로 가면서 정치, 역사, 행정 등으로 범주가 넓어졌다. 한국에서 본격적인 유서는 조선 중기 실학자 이수광의 『지봉유설芝峯類說』(20권, 1614)이 꼽힌다.

이상은 위키백과 영어판, 중국어판, 한국어판과 브리태니커 백과사전 온라인, 한국민족문화대백과사전 온라인에서 검색 발췌한 '백과사전'의 기원이다.

백과사전에 대한 공통적 정의는 '당대 지식을 체계 있게 포괄

하는 편찬서'라는 것이다. 편찬 방식과 범위는 저마다 다르다. 브리태니커와 위키백과 영어판에서 동양의 유서는 비중 있게 다뤄야 할 지식이 전혀 아니며, 서양 백과사전의 기원도 서로 다르게 언급한다. 백과사전은 그 자체로 지식에 대한 태도와 관점을 드러낸다.

현대적 의미의 백과사전은 지식이 모두를 위한 것으로 전환되던 시점에 탄생했다. 또는 당시 백과사전이 그런 시대를 촉발했다. 18세기 프랑스 계몽사상가들이 집필한 『백과전서L'Encyclopédie』는 지식을 대하는 태도에 혁명을 가져왔고, 『브리태니커 백과사전Encyclopaedia Britannica』은 형식을 완성했다. 일명 백과전서파들은 라틴어가 아닌 자국어로 쓴 백과사전을 기획했다. 그들은 지식을 통해 '진리', 말하자면 종교적 관용, 사상의 자유, 과학과 기술의 가치를 밝히고자 했다. 1751년에 출간한 2권의 『백과전서』는 지식층과 민중에게 환호받았지만, 지배층은 발행을 금지하고 금서로 지정해 탄압했다. 총괄 편집자인 드니 디드로는 정치적 박해에 시달리면서도 1772년까지 28권의 『백과전서』를 편찬한다. 20년 노고에도 집필 내용 모두가 출간되지는 못했다. 권력이 민감해할 부분을 출판업자가 자체 검열하고 삭제했기 때문이다. 이를 알고 낙담한 디드로는 훗날 삭제된 부분을 모아 5권을 더 발행했고, 방대한 수록 내용을 색인해 총 35권 7만

1,818개 항목의 『백과전서』를 1780년에 완성했다. 『브리태니커 백과사전』은 "『백과전서』는 프랑스대혁명(1789~1799)의 사상적 기초"라고 썼다. 디드로 사후 혁명 기간에도 제작은 계속되었고 1832년 총 166권으로 완간되었다.

그러나 『백과전서』는 논쟁적 지식을 길게 다루는 바람에 당대의 기본 지식과 필요 항목을 균형 있게 담아내지는 못했다. 이 문제를 『브리태니커 백과사전』이 해결한다. 초판 3권(1768~1771) 이후 거듭 정비되고 확충되어 15판(1974)에 이르러서는 세계 백과사전의 모범이라고 할 만한 체계를 완성했다.

그렇다면 '우리 모두의 백과사전–위키백과'(2001~)는 무엇을 해냈을까. 백과전서파의 눈으로 보면 이성의 승리 또는 시련일 것이다. 독자들은 지식 계몽의 대상이 아니라 주체가 되었다. 그러나 그들이 진리를 감당할 수 있을지는 미지수다. 브리태니커의 눈으로 보면 244년간 이어온 개정 인쇄판을 중단시킨 완결자다. 그러나 권위와 신뢰도에서는 한 수 아래인 실수 많은 경쟁자다(2014년 온라인 여론조사기관 유거브YouGov가 영국 성인 2,000명을 대상으로 실시한 신뢰도 조사 결과 브리태니커 백과사전 83퍼센트, 위키피디아 등록자 64퍼센트, BBC 기자 61퍼센트였다). 실수로부터 배운다는 그들의 정신이 위협적이긴 하지만 말이다.

Hello, 'New' World:
모두가 참여하는 지식 생산 시스템

책 100만 권 분량의 데이터를 1테라바이트에 담을 수 있는 시대에 양적인 면에서 종이와 디지털이 대결할 이유는 없다. 2012년 『브리태니커 백과사전』의 종이책 절판 선언이 '사건'이었던 이유는 위키백과에 추월당한 정보량과 갱신 속도가 아니다(2020년 현재 307개 언어판으로 총 4000만 개 이상의 지식 정보가 수록되어 있다). 15판 기준 참여한 전문가만 누적 4,000여 명, 그 가운데 100여 명이 노벨상을 수상했다. 이런 막강한 지성과 불특정 다수, 익명의 아마추어들이 경쟁하는 게 가능하다는 것을 확인해서였다. 이른바 집단지성의 힘이다.

오픈소스로 운영되는, '열린', '빠른' 백과사전. 누구나 작성할 수 있고, 수시로 수정과 검토가 가능하며, 다른 의견이 부딪힐 때는 커뮤니티의 토론을 거쳐 합의하거나 양립된 상태 그대로 게재한다. 이 모든 과정에서 금전적 대가는 없다. 문제는 지식의 품질, 신뢰도, 영향력 등인데 위키백과는 지식을 생성하는 과정 자체가 품질을 높이는 과정이라고 설명한다. 영향력은 당장 온라인에서 서비스되는 수많은 콘텐츠로도 가늠된다. 기성 언론의 기사에서도 '출처: 위키피디아'를 쉽게 찾아볼 수 있다. 매달 10억 개 이상의 기기에서 접속하고 방문자 수는 4억 명 이상이다.

그러나 이 혁명적인 지식 생산 시스템 역시 백과사전 편찬자들이 수백 년간 겪은 문제를 피해갈 수는 없다. 첫째, 지식의 편향과 독점이다. 위키백과 편집자의 85퍼센트가 남성(위키재단보고서, 2015)이고, 영어판의 경우 80퍼센트가 백인 남성이다. '우리 모두의 백과사전'이지만 사용자의 1퍼센트가 절반 정도의 정보를 생산한다(《타임》지 그래픽 편집자 크리스 윌슨의 분석, 2008). 둘째, 사이버 반달리즘vandalism이다. 전통적 백과사전이 검열과 금서 지정 등 외적 탄압을 겪었다면 위키백과는 내부에서 일어나는 악의적 편집과 왜곡에 훼손된다. 가짜 정보를 올리는 일반인뿐 아니라 일본 궁내청, 미국 중앙정보국, 로마 교황청, 한국 국정원 등이 관련 문서를 삭제하고 조작했다는 폭로(BBC, 2008)가 있었다.

이 문제들은 긴밀히 연관되어 있다. 모든 집단지성은 시간이 흐를수록, 참여 속도가 느려질수록 소수의 영향력이 커지는 지식의 독점화가 점점 심해지며, 이것이 가짜 뉴스와 여론 조작에 취약한 구조를 낳는다는 연구 결과가 있다(KISTI, 2018). 그래서 위키피디아의 공동창업자 래리 싱어는 2006년 시티즌디움en.citizendium.org을 따로 창립해서 위키백과 영어판을 박사 학위 소지자나 유명 대학 교수 등 200여 명의 전문가에게 재검토하게 했다. 이런 엄격한 기준을 적용한 결과, 2020년 6월 기준 전체 문서 개수는 1만 6,978개에 불과하다.

위키백과는 인류의 지식 생산력을 대표하는 이름이 되었다. 2019년 이스라엘이 추진한 '달 도서관 프로젝트'(핵전쟁 등으로 인류가 멸망해도 문명을 복원할 수 있도록 인류의 지식과 지혜가 담긴 백업 자료를 달에 보관한다는 프로젝트로 2019년 3월 달 착륙에 실패했으나 재추진 중이다)에는 위키백과 영어판이 통째로 실렸다. 서구에서 개발된 인공지능 서비스의 대부분이 위키백과를 지식 베이스로 삼고 있다. 그러나 위키백과가 지식을 추구하는 우리 모두의 미래인 것은 아니다. 비영어권 사용자들이 겪는 어색한 뉘앙스, 부족한 정보량을 굳이 위키백과를 통해 해결할 필요는 없다. 위키백과가 인류에게 선물한 위대한 지식은 참여하기를 멈추지 않는 집단지성만이 새로운 세계를 열 수 있다는 사실이다.

/ 이소영

참고 자료

제니퍼 졸린 앤더슨, 『위키피디아』, 김규태 옮김, 동아사이언스, 2012 | 정철, 『검색, 사전을 삼키다』, 사계절, 2016 | 돈 탭스코트 외, 『위키노믹스』, 윤미나 옮김, 21세기북스, 2007

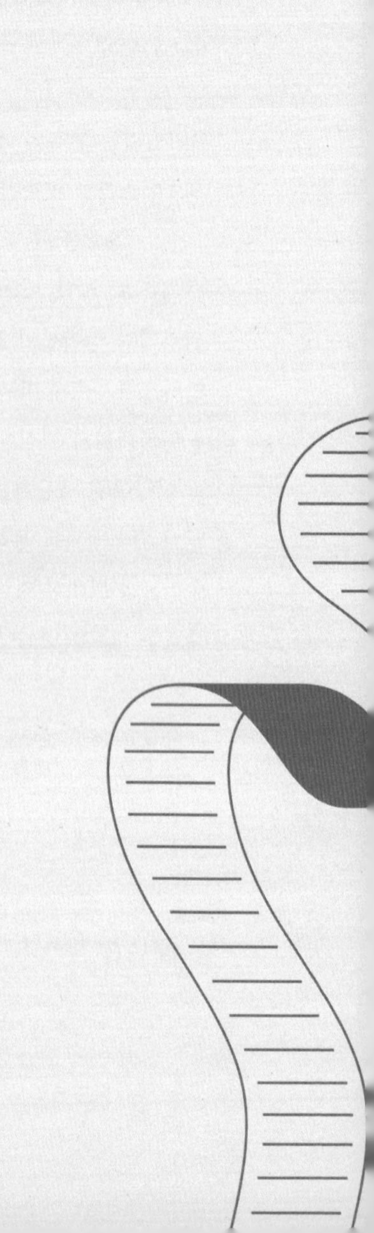

PART

4

우리의 기록

HOMO MEMORIS

우리 모두의 이야기 | 이상한 레시피 |
소방관의 그림 | 치매를 기록하다

HOMO MEMORIS

17

우리 모두의 이야기

ON AIR 20190911

다른 사람과 소통할 준비가 되어 있나요?

이스라엘, 아시아, 아프리카, 아일랜드 이민자는 영국 사회의 19.5퍼센트를 차지한다. 이들은 200년 동안 영국의 일부분으로 영국의 역사를 함께해왔다. 그러나 영국 교과서에 이들에 대한 기록은 없었다.

"당신의 이야기를 들려주세요."

1998년 대영박물관은 이민자를 사회 구성원으로 이해하기 위한 무빙 히어 프로젝트Moving Here Project(1990년대 말~2013년)를 진행했다. 개인과 지역을 중심으로 이민자의 기록이 모이기

시작했다. 러시아 출신 노동자가 보내온 추억의 흑백사진,
아프리카 출신 이민자들이 만든 결혼에 관한 다큐멘터리,
또 누군가의 어린 시절 사진과 자기 이야기…….
영국 전역에서 모인 20만여 개의 이야기가 생각을 바꿨다.
"모두 우리 역사의 일부분이다. 모두 우리 사회의
일부분이다."

그리고 대한민국.
"우슈 대한민국 국가대표 선수가 되어 힘든 상황에서 잘
커왔다는 것을 보여주고 싶어요."
"한국인 남자친구와 결혼해요. 한국말 중에 '사랑해'라는
말을 좋아합니다."
"중국문화 중에는 한국과 비슷한 것이 많아요. 한국은 제2의
고향이죠."
"매년 마지막 날 인근 필리핀 여성들이 모여 음식 해 먹고
불꽃놀이를 하다 보면 이곳이 필리핀이 돼요."

우리가 귀 기울여야 할 그들의 기록은 이제 우리의 이야기다.
오해와 편견을 버리고 서로를 이해하고 존중해야 할
당신과 나, 우리 모두의 이야기.

모두
우리 역사의
일부분이다.

모두
우리 사회의
일부분이다.

다문화 사회로 진입하는 한국

법무부 출입국외국인정책본부에 따르면 2019년 말 기준 국내 체류 외국인은 252만여 명으로, 전체 인구의 4.9퍼센트를 차지한다. 학계에서는 이 수치가 5퍼센트를 넘으면 다문화 사회로 분류하는데, 외국인 증가세를 감안하면 2020년 안에 다문화 사회로 진입할 것이라고 예상한다.

국내 체류 외국인의 국적은 가장 큰 비중인 중국인이 110만여 명으로 43.6퍼센트를 차지한다. 이 가운데 70만여 명은 한국계 중국인(조선족)이다. 그 뒤를 이어 베트남인 22만여 명(8.9퍼센트), 태국인 21만여 명(8.3퍼센트), 미국인 16만여 명(6.2퍼센트), 일본인 9만여 명(3.4퍼센트) 순이다. 이런 수치 뒤에는 국내의 역사적 사회적 상황과 다양한 문화적 배경을 가진 이민자, 귀화인, 유학생, 불법체류자들의 상황이 씨줄과 날줄처럼 얽혀 있다.

우리나라에 대규모로 이민 온 첫 세대는 화교를 꼽을 수 있다. 화교는 중국에서 태어나 다른 나라에 정착한 사람들을 일컫는 말로, 전 세계 4000만 명 정도로 추정된다. 1882년 임오군란 때 조선에 파견된 중국 청나라 군대를 따라 인천에 들어온 40여

명을 근대 화교의 시초로 본다. 같은 해 청나라와 '조청상민수륙무역장정'이라는 통상조약을 맺음에 따라 꾸준히 화교가 늘어나 1890년에는 인천에서만도 1,000여 명이 넘었다. 1920년대 후반에는 6만여 명까지 늘었다가 일본의 이간질로 일본인과 조선인이 화교를 배척하면서 세력이 줄기 시작했다.

대한민국 건국부터 1970년대까지 정부는 화교가 경제적 실권을 갖지 못하도록 견제했는데, 1960년대 초반 외국인토지소유금지법, 화폐개혁 등이 대표적이다. 이에 많은 화교가 한국에 귀화하거나 외국으로 이주했다. 2018년 기준 한성화교협회가 비공식으로 추산한 화교는 2만 1,000여 명이다.

한편 1980년대 후반부터는 중국과 동남아시아에서 외국인 노동자가 들어왔고, 1990년대 초반부터는 베트남과 중국, 필리핀 등에서 온 결혼 이민자가 증가하기 시작했다. 이들에 대해 혼혈, 국제결혼 등 여러 용어를 쓰다가 2003년 30여 개 시민단체로 구성된 건강가정시민연대에서 사용하기 시작한 '다문화 가족'이라는 용어가 점차 자리를 잡았다. 통계청에 따르면 2018년 기준 인구주택총조사에서 다문화 가구는 33만 5,000가구, 가구원은 100만 9,000명으로 다문화 가구원이 총인구(5136만 명)의 2퍼센트에 달한다.

외국인 노동자는 1980년대 후반 3D 업종이 인력난을 겪으면서 유입되기 시작했다. 1993년 산업기술연수생제도가 시행되면서 외국인 근로자가 2만 명에서 2002년 14만 5,000여 명으로 늘어났다. 2004년에는 고용허가제가 시행되기 시작하면서 외국인 근로자가 다시 늘어나 2019년 기준 56만 7,000여 명으로 증가했다.

결혼 이민자는 도시화로 농촌의 여성 인구가 감소하면서 1990년대부터 '농촌총각 장가보내기운동' 등 국제결혼이 추진되면서 늘어났다. 각 지방자치단체는 1인당 500~600만 원씩 예산을 지원해 국제결혼사업을 추진했다. 결혼 이민자는 2010년 이후 해마다 14만~16만 명 정도 된다. 전체 결혼 비율에서 10퍼센트를 차지하다가 2014년 국제결혼 안내 프로그램 이수 의무화 조치 이후로 7퍼센트대를 유지하고 있다.

생활 속의 다문화 현장

이제 다문화 이웃을 우리 일상 곳곳에서 만날 수 있다. 그러나 그들은 여전히 한국 사회에 적응하는 게 쉽지 않다. 그들이 가장 많은 도움을 받을 수 있는 곳은 정부와 지방자치단체에서 운영하는 전국 218개 다문화가족지원센터다. 다문화가족지원센터는 한국어 교육과 통번역 서비스를 지원하고, 심리검사와 법률상담 등 각종 상담을 해준다. 결혼 이민자에게는 사회적응 교육과 취업 교육을 실시하고, 부부 갈등 해결 프로그램과 자녀의 언어발달을 돕는 서비스도 제공한다.

그 밖에도 각 지역을 거점으로 공예나 십자수와 같은 체험 프로그램, 먼저 적응한 선배 이민자들의 멘토링 프로그램 등을 운영하고, 각종 동아리 활동을 지원하다 보니 다문화가족지원센터는 자연스레 다문화 이웃들의 모임 거점이 되었다.

이주민들의 다양한 문화 체험을 통한 소통과 화합의 장으로써 다문화 축제도 전국 곳곳에서 열린다. 가장 큰 다문화 축제는 2005년부터 해마다 열리는 맘프MAMF로 해마다 약 20만 명이 모인다. MAMF는 Migrant's Arirang Multicultural Festival의 줄임말로 다문화와 아리랑에 담긴 한국인 정서가 어우러져 이주민과 내국인이 함께하는 문화 축제를 의미한다. 맘프는 해마다 주빈국을 선정해 그 나라의 문화를 집중적으로 소개한다.

각 지역에서 열리는 소규모 다문화 축제도 있다. 서울시 성북구에서는 2008년부터 해마다 성북 다문화 음식 축제를 개최하고 있다. 성북구에 있는 35개 대사관저와 결혼이민자가족지원센터 등 우리나라에 거주하는 20여 개국 공동체 구성원들이 참여해 고국의 전통 음식을 전시 판매한다.

서울시 구로구에서는 청소년들이 청소년어울림마당을 다문

인천 차이나타운

화 축제로 진행한다. 구로청소년문화의 집은 2014년부터 해마다 '구로청소년어울림마당 다多가치 다多같이'를 열어 세계 가면과 모자 체험, 베트남 커피 맛보기 등 다양한 다문화 체험과 다문화 공연을 즐기는 프로그램을 진행한다.

다문화의 맛과 분위기를 느낄 수 있는 이색적인 다문화 거리도 있다. 서울시 구로구 가리봉동에는 연변 거리가 있다. 조선족이 많이 모여 사는 연변 거리에는 조선족의 대표 음식인 양꼬치구이와 초두부, 소삼겹살 등을 맛볼 수 있는 식당과 조선족이 좋아하는 노래방이 많다.

서울시 강남구 서래마을에는 프랑스 마을이 있다. 1985년 프랑스대사관학교가 서래마을로 옮기면서 프랑스인들이 모여 살기 시작했다. 서울시 이태원과 광희동, 안산 다문화 거리에는 다양한 나라의 음식을 파는 식당이 있어 이국의 음식과 문화를 즐기려는 사람들이 많이 모여든다.

/ 김정은

참고 자료

한국민족문화대백과사전 | 「한국의 '오랜' 이방인, 화교의 어제와 오늘」, 《신동아》, 2018년 5월 13일, | 「인구 2%는 '다문화'… 이웃으로 자리 잡다」, 《연합뉴스》, 2019년 9월 21일 | 다누리(www.livein.korea.kr) | 구로구청 블로그 | 「국내 최대 문화 다양성 축제 '맘프' 25일 개막」, 《연합뉴스》, 2019년 10월 23일 | 「서래마을… 공존이 빛을 발하는 프랑스 마을」, 《매일경제》, 2019년 8월 30일 | 「서울 속의 다문화 거리-가리봉동 연변 거리」, 《연합뉴스》, 2010년 11월 14일

HOMO MEMORIS

18

이상한 레시피

ON AIR 20191017

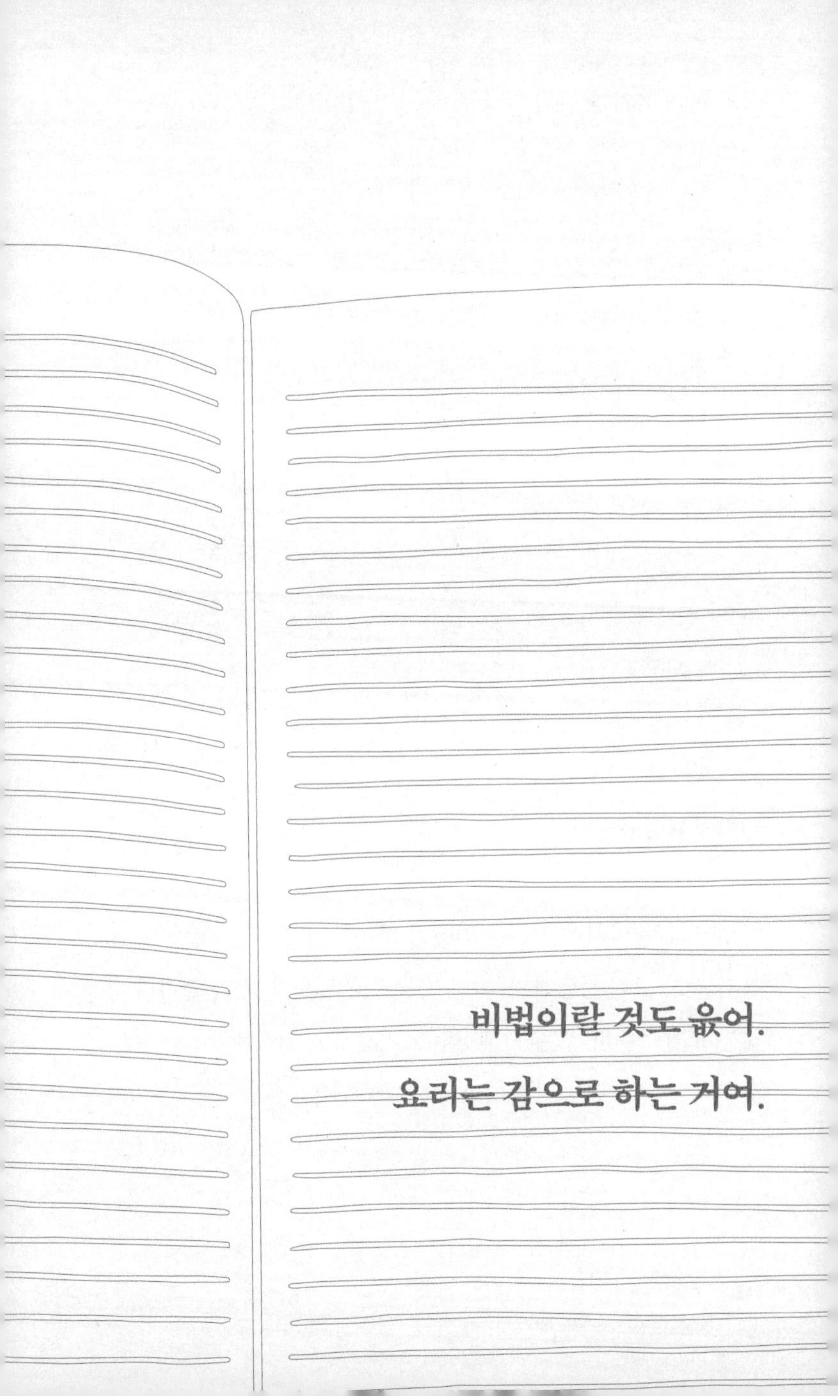
비법이랄 것도 읎어.
요리는 감으로 하는 거여.

요리는 레시피가 아닌 감으로 하는 것이다

소고기미역국 레시피

1. 미역을 물에 담가 조물조물 주물러 빤다.

2. 소고기에 기름을 넣어 볶는다.

3. 미역을 넣고 볶는다.

4. 물 붓고 끓인다.

이 레시피는 미역이 얼마나 있어야 하는지, 소고기는 어떤 부위를 몇 그램 사용할지, 어떤 기름으로 볶을지, 물을 얼마나 넣는지 알려주지 않는다. 계량컵도 저울도 쓰지 않는 이 레시피의 진짜 비법은 마지막 줄에 공개된다.

※ 요리는 레시피가 아닌 감으로 하는 것이다.

이 초간단 레시피의 주인공은 1935년생 송명예 할머니다.
그리고 50명의 할머니가 요리비법을 함께 공개했다.

가난하던 시절 넉넉하지 못한 집에서 딸로 태어난
할머니들은 오빠 뒷바라지하고 동생들 키우느라,
전쟁 때 아버지가 돌아가셔서 등등 다양한 사연으로 글을
배우지 못했다.
이제야 한글 교실에서 글을 배워 레시피를 직접 또박또박
써 내려간다. 그렇게 평균연령 75세 할머니들의 요리비법이
완성되었다.

자극적인 맛과 예쁘고 보기 좋은 화려한 음식이 넘쳐나는
세상. 맛집을 찾아 이곳저곳 전전하지만 가장 기억에 남는
맛은 엄마의 투박한 손맛이다. 할머니들의 레시피에는
인생을 요리하는 비법이 담겼다.

"딴 사람 하는 거 쉬웁게 허는 것 같어두 내가 해보믄 어려워."

— 1947년생 명옥선의 열무김치 레시피 중에서

"손이 많이 가고 신경이 많이 들어.

근디 신경 많이 쓰면 맛이 더 들어."

— 1942년생 주미자의 식혜 레시피 중에서

"비법이랄 것도 읎어. 요리는 감으로 하는 거여."

— 1946년생 윤인자의 옻백숙 레시피 중에서

개인 삶의 기록, 개인 자서전

뚜렷한 업적이 있거나 이름이 널리 알려진 유명한 사람만이 자서전을 쓰는 시대는 지났다. 자기 삶이나 부모님의 삶을 정리한 개인 자서전을 출판하는 경우가 많아지고 있다. 이를 반영하듯 시인이나 작가가 자서전 쓰기 특강을 하거나 신문사나 지역 자치단체 주최로 자서전 쓰기 코칭 교실을 여는 경우도 많다. 대전의 한 사회적협동조합에서는 10주 동안 자기 인생을 함께 이야기하며 돌아보고 그 내용을 그림책 자서전으로 만들어 전시하는 프로그램을 진행했다.

자서전의 주인공을 평범한 우리 이웃으로 내세우기 시작한 대표적 사례는 뿌리깊은나무 출판사에서 출간한 '민중자서전'일 것이다. 민중자서전은 뿌리깊은나무 한창기 대표가 기획한 시리즈물로, 그야말로 이름 없는 민중을 만나 그의 한평생을 구술로 받아적어 만든 책이다. 1981년부터 10여 년 동안 20권이 출판되었다. 제암리 학살사건의 증인 전동례 씨를 시작으로, 조선 목수, 양반가 며느리, 보부상, 옹기장이, 소리꾼, 어부, 농부, 화전민, 사공 등 다양한 민중의 말과 삶이 고스란히 담겼다. 이 책은 우리나

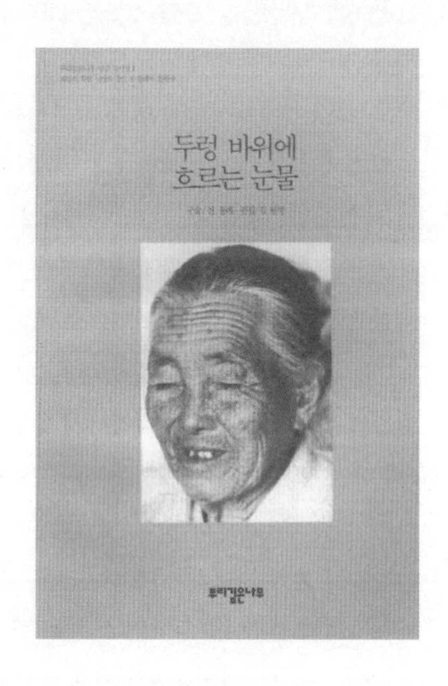

민중자서전에는 평범한 민중의 말과 삶이 담겼다.

라 구술사와 지역 방언 연구의 중요 자료로 쓰일 뿐 아니라, 문화적·역사적 가치로서 민중의 삶을 재발견하게 해주었다.

학계에서는 2002년 '20세기 민중생활사연구단'을 꾸려 2007년 『한국민중구술열전』 13권과 『사진으로 기록한 이 시대 우리 이웃』 3권을 펴냈다. 일제강점기 때 징용에 끌려갔다 돌아온 후, 한국전쟁 그리고 급격한 산업화와 도시화 등 굴곡진 우리 역사를 그대로 경험한 심재언 씨 등 13명의 삶이 자서전으로 남았다. 사진집에는 한국 민중 37명의 역사가 담겼다. 인문학자 100여 명이 5년 동안 전국을 돌며 '민중'을 만나 만들어낸 결과물이다.

지금은 디지털 인쇄기술이 발달하면서 자서전을 직접 쓰려는 사람들이 크게 늘었다. 저렴한 비용으로 자서전을 출판하는 게 가능해졌기 때문이다. 자서전을 대신 써서 제작해주는 대행업체도 많이 생겼다. 제주도에서 작은 도서관을 운영하다 사회적기업 '꿈틀'을 창업해 개인 자서전 200여 권을 만든 박범준 대표는 "자서전 쓰기란 삶에 의미를 부여하는 제의祭儀, ritual와 같은 것이라 생각한다"면서 "대단할 것 없는 삶의 이야기들이 모이면 시대의 역사를 이룰 것"이라고 말한다. 그림책 자서전을 만드는 '나의 인생 나의 그림책' 프로그램을 진행하는 희망찾기 사회적협동조합 하미숙 대표는 "참여자의 자존감이 높아지고 정체성이 건강하게 세워지는 것"을 자서전 프로그램의 장점이자 보람으로 꼽는다.

자서전을 쓰는 과정에서 자기 삶을 돌아보며 정리할 수 있고, 자식과 후손에게 유산으로 남겨줄 수 있다는 점에서 개인 자서전 쓰기는 앞으로도 계속 관심과 인기를 끌 것으로 보인다. 개인 자서전 쓰기 열풍은 '삶'이야말로 자식과 후손에게 물려줘야 할 정신적 유산이라는 인식의 변화가 가져온 결과가 아닐까.

실버 블로거, 실버 유튜버

블로거나 유튜버 등 디지털 기술을 이용한 콘텐츠 생산이 젊은층의 전유물은 아니다. 인생의 연륜을 갖춘 실버 블로거와 실버 유튜버 들은 실버 세대만이 제공할 수 있는 깊이 있는 정보에 삶에 대한 여유와 유머까지 갖춰 인기를 끌고 있다.

황안나 씨(81세)는 '도보여행가' '작가' '강연자' '실버 블로거' '액티브 시니어' 등 다양한 별칭으로 불린다. 초등학교 교사였던 그녀는 정년을 7년 앞둔 어느 날 퇴임하고 도보여행가로 제2의 인생을 시작했다. 평소 워낙 운동을 안 했던 터라 처음에는 동네 산책도 힘들었지만, 3년 동안 꾸준히 동네 산을 올랐다. 60세에 산

악회에 들어가 전국의 산을 누비기 시작했다. 65세에 해남 땅끝에서 임진각까지 23일 만에 국토 종단을 하고, 67세에는 우리나라 해안 일주를 혼자 해냈다. 이후 산티아고, 네팔, 몽골, 부탄, 아이슬란드, 시칠리아 등 국외 50개국을 도보로 여행했다. 50대 중반에 컴퓨터를 배운 그녀는 사진 찍기와 블로그 운영 등을 배워 자신의 여행 기록을 고스란히 블로그에 남겼다. 하루 1만 명 이상 다녀가는 인기 블로그의 운영자가 되어 『내 나이가 어때서?』, 『안나의 즐거운 인생 비법』 등의 책을 냈고, 강연을 다니며 여전히 활발하게 활동하고 있다.

60세에 블로그를 시작한 '꿈꾸는 할멈' 김옥란 씨는 자신의 삶을 블로그에 담는다. 원래는 30년 동안 요리 선생님을 하면서 만든 1만 개의 레시피가 관리를 맡긴 사람의 연락 두절로 사라져버리자 그것을 복원하기 위해 블로그를 열었다. 그녀의 블로그에는 각종 요리 레시피뿐 아니라 자수법, 그릇에 관한 이야기, 냉동실 정리법 등 온갖 살림 노하우가 가득하다. 단순한 살림 노하우가 아니라 오랜 삶의 지혜와 따뜻함이 깃든 이야기에 매력을 느껴 그녀의 블로그를 찾는 사람이 하루 1만여 명에 이른다.

'코리아 그랜마Korea Grandma'로 알려진 박막례 씨(74세)는 구독자 133만 명이 넘는 유튜브 크리에이터다. 언니들이 치매로 고생하는 것을 보고 자신도 치매에 걸릴까 봐 걱정하자 손녀 김유라 씨가 치매 예방을 위해 함께 여행을 떠났다. 대학 때 촬영과 감독에 관련된 공부를 한 유라 씨는 할머니와의 추억을 남기고자 동영상을 찍기 시작했다. 이 동영상이 유튜브에서 인기를 얻으면서 크리에이터로서 박막례 씨의 인생 2막을 여는 계기가 되었다. 50여 년 동안 과일 장사, 가사 도우미, 식당 운영 등 다양한 일을 하며 습득한 구수하고 유쾌한 말솜씨, 솔직함으로 젊은 사람들에게도 인기를 얻었다. 거의 모든 영상이 10만 회가 넘는 조회수를 기록하고 있으며 『박막례, 이대로 죽을 순 없다』, 『박막례시피』 등의 책을 냈다. 해외에서도 유명해 《보그》지에 소개되었으며, 유튜브 CEO와 구글 CEO를 만나기도 했다.

/ 김정은

참고 자료

「민중의 입에서 나오는 대로 쓴 '오래된 미래'」, 《서울신문》, 2017년 5월 1일 | 「20세기 '민중 자서전' 나왔다」, 《한겨레신문》, 2007년 12월 10일 | 「자서전 쓰기, 함께 하며 방법을 따라하면 어렵지 않아」, 《조선일보》, 2019년 3월 7일 | 「도보 여행가·작가·블로거… "팔순에도 새로운 여정 꿈꾼다"」, 《문화일보》, 2019년 1월 4일 | 「"올해 80세… 지리산 종주 다시 도전합니다" 도보여행가 황안나씨」, 《한국일보》, 2019년 8월 21일 | 「1만 개의 레시피 도둑맞아 시작한 '할멈 블로그'」, 《한겨레신문》, 2014년 11월 28일 | 나무위키 '박막례' 편

HOMO MEMORIS

19

소방관의 그림

ON AIR 20190916

김윤수, 〈세이프 코리아 넘버 원〉

싸우고, 구하고, 기억하다

1. 사고 현장을 그리다 — 이병화 소방사

2018년 인천항에 정박 중이던 자동차 운반선 오토배너호의 화재는 세계적으로 전무후무한 대형 선박 화재 사고였다. 수많은 소방관이 700도에 가까운 화재 현장에서 67시간의 사투를 벌였다. 이병화 소방사는 대학에서 그림을 전공한 경험을 살려 사고 현장을 생생하게 그렸다.

"이런 화재가 있었는지도 잘 모르는 분이 많아요."

그림이 공개된 후 화재 현장에서 불을 끄던 소방관에게 '그려주어 고맙다'는 메시지를 받았다.

그는 기억을 더듬어 여러 사고 현장을 그린다.
"기억해야죠. 사고가 반복되면 안 되니까요."

2. 사람을 그리다 — 김윤수 소방교

"슈퍼맨이 아니라 우리 주변의 평범한 사람들이거든요."
그는 다양한 직위에 있는 동료 소방관들의 얼굴을 그린다.
모두 소방관이라는 이름 뒤에 가려진 평범한 얼굴이다.
"소방관도 나와 같은 사람이라는 걸 알면 나도 누군가를
도울 수 있다고 생각하지 않을까요?"
그는 국민의 안전이 가장 중요하다는 사실을 잊지 않기 위해
사람을 그린다.

3. 감정을 그리다 — 이창목 소방장

"'구해주지 못해서 미안합니다'라는 말이 들리는 것 같았어요."
그는 우연히 대구 지하철 참사의 사진 한 장을 보고 이런
감정을 느꼈다. 그래서 소방관이기에 읽을 수 있는 감정을
그린다.

2014년 4월 16일 세월호 참사 때 세월호 지원 헬기 추락 사고로 5명의 소방관이 순직했다. 그는 추락하는 헬기와 침몰하는 배, 구하지 못한 학생과 순직한 소방관을 함께 그렸다. "그림 속 소방관들과 대화하면서 저도 위로받을 수 있었어요. 그래도 쉽지 않네요."

소방관들은 오늘도 싸우고Fight 구하고Save 기억Remember하고 있다.

김윤수, 〈나는 구급대원입니다〉

마을 현장을 기록한 사람들

편집디자인 회사를 운영하던 최서영 씨는 자신이 사는 수원을 기록하기 위해 잡지 창간을 준비했다. 그런데 이를 같이 준비하던 사람들이 모두 그만두었다. 그후 수원에서 월간지《전라도닷컴》황풍년 편집장의 강의를 진행하면서 동료 두 사람을 만나 잡지를 창간했다. 그렇게 2012년 4월 골목잡지《사이다》가 탄생했다.

《사이다》라는 이름은 골목과 골목 사이, 마을과 마을 사이, 사람과 사람 사이를 담아낸다는 뜻을 담고 있다.《사이다》는 계절마다 내는 무가지로 매호 동네 한 곳을 선정해 사람과 마을, 공동체 등을 기록한다. 발행비는 운영하는 사회적 기업 ㈜더페이퍼가 회사 수익금을 사회에 환원하는 방식으로 마련한다.

골목잡지《사이다》는 오랜 시간 함께 살아온 이웃의 일상과 마을에 뿌리내리고 살아온 사람들의 내력을 민중생활사로 기록하고, 지역의 문화예술을 담아낸다.《사이다》를 만드는 일은 지역단체와 지역 작가들이 함께하고, 잡지가 나오면 마을 사람들을 초대해 잔치를 열기도 한다.

기록이 쌓이면서 단행본을 내고 전시회를 열었고, 지역 아카이브 서점 '곧바로 책, 방'을 운영하기도 했다. 또 마을기록학교를 통해 주민이 스스로 마을을 기록할 수 있는 교육 프로그램을 진행하기도 한다. 2019년 16호까지 무가지 형태로 발간했고, 현재는 전국의 골목을 기록하는 유가지로 전환하려 준비 중이다. 페이스북 '골목잡지 사이다'를 통해 기록과 소통을 계속하고 있다.

남양주 오남에 있는 에코남양주협동조합의 황혜종 대표와 마을 활동가 강소라 씨는 오남호수를 기반으로 생태학교를 운영하며 자연 자원과 지역 주민들의 삶을 기록했다. 경기문화재단의 경기북부에코뮤지엄 사업에 선정되면서 더 많은 지역단체들과 함께 기록 작업을 할 수 있었다. 에코뮤지엄은 마을 전체를 일종의 박물관으로 여겨 기록을 보존하는 아카이빙 작업이다. 오남작은마을 도서관 한쪽에 기록 공유 공간 '뿌리'도 열었다. 이 공간에서 공동체 활동에 대한 주민 인터뷰, 사진작가들이 찍은 마을 사진, 마을에 관한 역사 자료를 수집해 전시회를 열었다. 또 '제1회 오남호수 드론 영상대회'를 개최해 하늘에서 내려다본 오남호수의 사진과 동영상도 수집했다. 이렇게 수집한 기록을 『뿌리를 찾은 꽃』이라는 책으로 남겼다. 에코남양주협동조합은 주민들의 삶과 마을을 기록하는 활동을 계속 이어나갈 예정이다.

10여 년 넘게 강원도 지방자치단체에서 홍보업무를 담당했던 김시동 씨는 지역의 기억을 수집하고 기록하기 시작했다. 2009년 시민들과 '도시기록프로젝트'를 시작했고, 2009년부터 2018년까지 원주도시기록 프로젝트 기획위원으로 지역 시민들과 함께 지역기록화 사업을 기획, 진행했다. 대표 작업으로 「횡성댐 수몰지역 10년의 기록」, 「한국의 소, 牛직한 동행」, 유네스코 무형유산 「강릉단오」, 「원주혁신도시 10년의 기록」 등의 아카이브 작업이 있다.

2013년에는 시민이 참여해 창립한 강원아카이브협동조합을 중심으로 지역기록문화축제를 개최해오고 있다. 강원아카이브는 지역공동체 기록화 작업, 강원 폐교, 원주 원도심, 강원도 근대건축, 강원 산불재난 기록 등의 기억 수집 작업을 꾸준히 진행하고 있다.

해외의 환경 사진작가들

1964년 영국 북동부 바닷가 도시 헐Hull에서 태어난 맨디 바커Mandy Barker는 어린 시절 바닷가에서 조개껍데기나 나뭇조각을 주우며 지냈다. 세월이 흐를수록 바닷가에 점점 더 많이 쌓이는 플

라스틱 쓰레기들을 보면서 그녀는 문제가 심각하다고 느꼈다. 하지만 바닷가에 쌓인 쓰레기를 찍은 사진은 그냥 쓰레기를 찍은 평범한 사진일 뿐이었다.

그래서 실제 바닷가에서 주운 플라스틱 조각과 쓰레기들을 검은 벨벳 천을 배경으로 다층적으로 촘촘히 배치해 찍는 방법을 고안해냈다. 그 결과 만들어진 새로운 이미지는 사람들이 실제로 한 번도 본 적 없는 깊은 바닷속을 헤엄치고 있는 쓰레기들의 모습을 상상하도록 이끈다. 사진집《뒤바뀐 바다Altered Ocean》에는 물고기처럼 떼를 지어 헤엄치는 쓰레기들이 새로운 종류의 해양 생물체가 되고, 나아가 물고기 대신 바다의 주인공이 된 모습이 나온다. 그녀는 '죄책감을 느끼는 게 아니라 경각심을 갖자는 취지'로 작품 활동을 이어가고 있다.

미국의 크리스 조던Chris Jordan은 2003년 10년 동안의 변호사 생활을 접고 카메라를 들었다. 그가 카메라를 들이댄 대상은 산업 폐기물과 사람들이 만들어낸 각종 쓰레기. 비닐봉지 사진 24만 장(전 세계에서 10초마다 소비되는 비닐봉지의 수)을 합성해 '비너스의 탄생'을 형상화하거나, 수많은 폐휴대폰과 산업폐기물들을 쌓아서 모노크롬 회화 같은 작품을 만들어냈다. 그의 작품들은 멀리서 보면 친숙한 이미지인데, 가까이서 보면 현대 소비사회의 불편한 진실을 마주하게 한다.

그러던 중 한 생물학자에게 플라스틱 쓰레기를 먹고 죽은 새

크리스 조던, <미드웨이: 자이어의 메시지>

들의 이야기를 듣고서 2009년 북태평양 미드웨이섬으로 갔다. 섬에서는 바다에 떠다니는 플라스틱 조각을 먹이로 착각한 앨버트로스가 플라스틱을 새끼의 입에 넣어주고, 그로 인해 새끼가 죽어가는 악순환이 반복되고 있었다. 그런 참상을 찍은 후 그는 절망감과 무기력, 우울증에 빠져 힘든 시간을 보낸다. 동료들의 조언으로 미드웨이섬을 다시 찾은 그는 수십만 마리의 새들이 살아 춤추는 생기 넘치는 모습을 보고 다시 힘을 얻었다. 그가 8년 동안 미드웨이섬을 드나들며 찍은 사진과 다큐멘터리 영화 〈앨버트로스〉는 생명이 원래 지닌 아름다움과 그 아름다움이 인간의 소비문화로 얼마나 참혹해질 수 있는지를 함께 보여준다. 그는 '문제를 두 눈을 뜨고 직시'하는 용기가 '절망의 바다를 넘어 아름다운 세계로' 나아가게 해준다고 말하며 오늘도 계속 활동하고 있다.

대학에서 포토저널리즘을 전공한 조엘 사토리Joel Sartore는 신문사 사진기자로 일하다가 1992년부터 《내셔널지오그래픽》을 비롯해 《뉴욕타임스》, 《스미스소니언》 등에서 기고가로 활동한다. 아마존 열대우림 등 세계 각지를 다니며 환경 사진을 찍던 그는 특히 멸종위기종에 관심을 두었다. 그래서 《내셔널지오그래픽》과 함께 2006년부터 전 세계 1만 2,000여 멸종위기종을 사진으로 기록하는 '포토 아크Photo Ark' 프로젝트를 진행하고 있다. '포토 아크'는 『구약 성경』에 나오는 '노아의 방주' 이야기에서 따온 것으로, 노아가 방주에 동물을 한 쌍씩 태워 멸종을 면하게 한 것처럼 사진을 찍어 멸종을 막아보려는 노력이다. 마치 증명사진을 찍듯 하얀색이나 검은색 천을 배경으로 동물들을 찍었는데, 동물들의 생생한 눈빛이 우리에게 말을 걸어오는 듯한 느낌을 준다. 2019년 8월 기준 9,500여 종을 촬영했다. 그사이 랩스프린지 림드 청개구리, 컬럼비아분지 피그미토끼처럼 멸종되어 그의 사진 속에만 남은 동물도 있고, 검은발 족제비나 캘리포니아 콘도르 같은 동물처럼 멸종에서 구하는 데 성공한 동물도 있다. 지금도 그는 멸종위기종에 대한 사람들의 관심과 행동을 끌어내기 위해 전 세계의 멸종위기종을 기록하고 있다.

/ 김정은

참고 자료

「그림 그리는 소방관들, "소방관의 활동상 알리고 싶어요"」, 소방방재신문, 2017년 12월 22일 | 「골목과 골목 사이 사람을 담은 '골목잡지 사이다'」, 《마실통신》, 2017년 10월 13일 | 사이다(www.magazine-saida.com) | 강소라, 『뿌리를 찾은 꽃』, 경기문화재단, 2019 | 「10년간 사진으로 지역 기록한 이 사람… "시민이 기억과 기록의 주체 돼야"」, 이로운넷, 2018년 12월 4일 | 강원 기록원 | 김진영, 「플라스틱 잔해물이 만든 21세기 바다의 슬픈 초상」, 《이코노미조선》, 2020년 5월 4일 | 『크리스 조던』, 인디고 서원, 2019 | 「새끼에게 플라스틱 먹이는 알바트로스, 가슴 아팠다」, 《중앙선데이》, 2019년 2월 23일 | 조엘 사토리, 『포토 아크』, 사이언스북스, 2019 | 조엘 사토리, 『포토 아크, 새』, 사이언스북스, 2020

HOMO MEMORIS

20

치매를 기록하다

ON AIR 20200509

김선기, 〈나의 할머니, 오효순〉

'찰칵'
어떤 젊은 남자가
내 사진을 찍길래
화를 냈어요.
다 늙은 꼬부랑 할매
사진을 뭣 하러
찍는지 몰라요.

손자 카메라에 담긴 할머니의 아름다운 시간

나는 1924년에 태어났어요. 나라를 잃은 설움과 한국전쟁도 겪었죠. 하지만 내 인생에서 가장 힘들었던 순간은 마흔둘에 남편이 먼저 세상을 떠났을 때였어요. 6남매를 기르며 먹고살기 위해 종일 삯바느질을 해야 했죠.

밥벌이하느라 세월이 이렇게 빨리 가는 줄도 몰랐어요.
처음에는 귀가 잘 안 들려서 이상하다고 생각했어요.
이제 정말 나이가 들었나 보다 했죠.
그래도 혼자 씩씩하게 살 수 있다고 생각했어요.
6남매도 내 손으로 다 키웠는걸요.

어느 날 첫째 아들과 며느리가 이제 같이 살아야 한다고
그래요. 나는 혼자가 편한데…….
그래도 아들이랑 며느리 힘들지 않게 내가 밥도 해주고
집 정리도 도우면서 폐 안 끼치고 살아야죠.
다 큰 손주 녀석이 할미 때문에 불편할까 걱정도 돼요.

잠깐 다녀올 데가 있었는데…… 문을 나서니 기억이
안 났어요. 자꾸 깜빡깜빡…… 어떤 날은 애들 이름도
생각이 안 나요. 내가 왜 이러지?
모르는 사람들이 나를 보고 울고 있어요.
나는 그냥 잠이 오는데 왜들 저러지?

'찰칵' 어떤 젊은 남자가 내 사진을 찍길래 화를 냈어요.
다 늙은 꼬부랑 할매 사진을 뭣 하러 찍는지 몰라요.
실컷 욕을 해줬는데도 또 왔네요.

어느 날은 사진을 갖다주더라고요. 갑자기 화가 나서 사진을
찢어버렸어요. 바쁜 사람 붙잡고 왜 쓸데없는 짓을 하는지,
바느질할 게 많은데…….
내가 이거라도 해서 삯을 받아야 애들 학교라도 보내죠.

그런데 자꾸만 잠이 오네요.

오늘은 날이 좋으니 빨래도 해 널고, 남편이 오기 전에

저녁도 해놔야 하는데…….

시간이 별로 없다는 게 느껴져요.

남편은 나를 기다리고 있을까요?

나는 이렇게 늙어버렸는데……

남편이 나를 알아볼 수 있을까요?

"2019년 3월 1일 할머니는 가족들이 지켜보는 가운데

편안하게 소천하셨다. 치매가 발병한 후 15년의 기록.

처음에는 악몽이었을지 몰라도 마지막 순간에는

행복한 꿈이었기를……."

— 김선기

관찰의 힘, 기록의 힘

관찰의 사전적 의미는 '사물이나 현상을 주의해 자세히 살펴보는 것'이다. 그냥 보는 것과 다르게 자세히 살펴보는 것은 보는 까닭이나 목적이 있다. 인류가 존재한 이래 석기시대 사람들은 사냥을 위해 동물을 관찰했을 테고, 전쟁에 나간 장군들은 전략과 전술을 짜려고 지형과 적의 형세를 관찰했을 것이다.

관찰은 인류의 문화와 역사와 과학을 형성하는 데 크게 기여했다. 레오나르도 다빈치와 라이트 형제는 새가 나는 모습을 관찰해 비행기를 발명하기 위한 연구를 했고, 가우디는 자연을 관찰해 아름다운 건축물을 지었다. 정약전丁若銓, 1758~1816은 물고기를 관찰해 『자산어보兹山魚譜』를 썼고, 마리아 몬테소리Maria Montessori, 1870~1952는 아이들이 노는 모습을 관찰해 교구를 만들었다.

바쁜 현대인들은 무언가를 관찰할 시간적, 심적 여유가 없다. 물론 사업 성공이나 경제 가치의 창출을 위해 관찰하는 이들은 있다. 컨설팅 회사의 크리에이티브 디렉터로 일하는 얀 칩체이스Jan Chipchase는 세계 곳곳을 돌아다니며 사람들이 살아가는 모습을 관찰하고 분석해 제품 개발을 원하는 회사에 제공한다. 아웃

레오나르도 다빈치 엔지니어링 그림(1503).

도어 브랜드 트렉스타 권동칠 대표는 신발을 개발하기 위해 사람들의 발과 신발 신고 벗는 모습을 관찰한다.

그런데 이제 평범한 우리 이웃들이 관찰하기 시작했다. 어느 화가는 옥상에서 매일 바뀌는 주변 풍경을 관찰하고, 수업 시간에 자는 학생들에게 해줄 것이 없던 선생님은 자는 학생들의 모습을 관찰한다. 누군가는 사라져가는 골목길을 관찰하고, 누군가는 길고양이의 삶을 관찰한다. 이것은 모두 이웃과 자연, 주변을 이해하고 공존하려는 따뜻한 의사소통의 시작이다. 관찰하면 안 보이던 것이 보이기 시작하고, 알게 되고, 이해하게 되고, 사랑하게 된다.

관찰의 결과로 남은 글이나 그림, 사진 등의 기록은 또 다른 힘을 갖는다. 마케터 이승희 씨는 기록이 쌓여 생각의 도구가 되어 성장의 자산이 된다고 말한다. 기록은 자신의 성장뿐 아니라 다른 사람과 공유함으로써 다른 사람의 성장, 나아가 공동체의 성장을 돕는다.

역사적으로 기록은 지배권력 또는 힘을 가진 자의 것이었다. 고조선 '8조법'과 '함무라비 법전'부터 『조선왕조실록』에 이르기까지 역사 기록은 통치를 위한 기록 또는 어떻게 통치했는가에 대한 기록이다. 물론 이런 기록은 과거를 알고 이해하게 해주는 소중한 문화유산이다. 하지만 평범한 백성들의 기록이 공유되거나 후대에 전해질 통로는 거의 없었다.

그런데 근대를 거쳐 현대에 이르러, 특히 디지털문화가 발전하면서 평범한 우리 이웃들의 기록이 아는 사람, 나아가 모르는 사람들과도 공유될 수 있는 시스템이 갖춰졌다. 이웃들의 관찰이 공존을 위한 의사소통의 시작이라면, 관찰의 기록 그리고 그 기록의 공유는 본격적인 의사소통의 진행 과정이자 공존 행위다.

사람과 이웃, 자연과 사회에 대한 따뜻한 관찰과 기록은 동시대에는 자신과 이웃의 삶을 풍성하게 하고, 나아가 시대와 시대를 연결하는 역사와 문화가 될 것이다.

/ 김정은

참고 자료

얀 칩체이스·사이먼슈타인하트, 『관찰의 힘』, 위너스북, 2019 | 이아연·유영근, 『어린이를 위한 관찰의 힘』, 참돌어린이, 2013 | 랜달 C. 지머슨, 『기록의 힘』, 민주화운동기념사업회 옮김, 민주화운동기념사업회, 2016 | 이승희, 『기록의 쓸모』, 북스톤, 2020

2114년에 만나요
ON AIR 20200504

처음 프로젝트에 대해 들었을 때

나는 이 기획이 완전히 미쳤다고 생각했어요.

— 데이비드 미첼(영국 소설가)

'미래도서관Future Library'은

노르웨이의 공공예술 프로젝트로 기획되었다.

2014년부터 매년 한 명의 작가에게

한 편의 미공개 원고를 받아

오슬로 공공도서관 침묵의 방에 봉인,

2114년 미리 심어둔 가문비나무 1,000그루를 베어

100편의 원고를 한꺼번에 출판하는

미래도서관 프로젝트는 살아 숨 쉬는 유기적인 작품이다.

— 케이티 패터슨(미래도서관 프로젝트 기획자·스코틀랜드 예술가)

2014년 마거릿 애트우드(캐나다 작가)

2015년 데이비드 미첼(영국 소설가)

2016년 숀(아이슬란드 작가)

2017년 엘리프 샤팍(터키 소설가)

2018년 한강(한국 소설가·아시아 최초 선정 작가)

언젠가 상대에게 도달할 것이라 믿고

편지를 병에 담아 강에 띄우는 것 같았다.

— 엘리프 샤팍

거기 아직 내가 쓴 것을 읽을 인간들이

살아남아 있을 것이라는

불확실한 가능성을 믿어야 한다.

— 한강

매년 봄 오슬로 외곽의 숲에서 열리는 원고 전달식은

새로 태어난 이야기의 환영식이자

읽을 수 없는 이야기의 송별식이다.

아직 태어나지 않은 사람들을 만나

다시 태어날 것을 믿으며

긴 침묵에 빠져드는 이야기.

참고 자료

「특별기획, 세계의 도서관을 가다 — 미래를 비추는 아름다운 현재」, 《책Chaeg》 28호, 2017 | 「한강, 노르웨이서 95년 뒤 공개할 소설 '사랑하는 아들에게' 전달」, 《연합뉴스》, 2019년 5월 26일

그림과 사진 출처

6~7쪽, 10~11쪽 황용운 제공 | 16~17쪽 ©S-F/Shutterstock.com | 21쪽 ©Everett Collection/Shutterstock.com
26~27쪽 ©klauscook/Shutterstock.com | 42~43쪽 ©김호경 | 67쪽, 117쪽, 147쪽 연합뉴스 제공
70~71쪽 ©Twocoms/Shutterstock.com | 80~81쪽 © Steven Bostock/Shutterstock.com
85쪽 ©Filip Jedraszak/Shutterstock.com | 123쪽 ©Rena Schild/Shutterstock.com
166~16쪽 ©MikeDotta/Shutterstock.com | 194~195쪽 ©Orlok/Shutterstock.com
198~199쪽 ©Cagkan Sayin/Shutterstock.com | 224~225쪽 ©Allmy/Shutterstock.com
238~239쪽 ©Nibaphoto/Shutterstock.com | 244쪽 ©Isarint Sangmanee/Shutterstock.com
259쪽, 263쪽 ©김윤수 | 268~269쪽 ©크리스 조던(인디고 서원 제공) | 272~274쪽, 279쪽 ©김선기

* 사진과 그림의 게재를 허락해주시고 자료를 제공해주신 분들께 감사합니다. 저작권자를 찾지 못해 게재 허락을 받지 못한 사진은 저작권자가 확인되는 대로 게재 허락을 받고 통상의 기준에 따라 사용료를 지불하겠습니다.

지식채널ⓔ

기억하는 인간

1판 1쇄 발행 2020년 9월 30일

지은이 지식채널ⓔ 제작팀
해설 글 김은경 김정은 이소영

펴낸이 김명중
콘텐츠기획센터장 류재호 | 북&렉처프로젝트팀장 유규오
북팀 김현우 장효순 | 마케팅 김효정

책임편집 박민주 | 디자인 박대성 | 인쇄 SJC성전

펴낸곳 한국교육방송공사(EBS)
출판신고 2001년 1월 8일 제2017-000193호
주소 경기도 고양시 일산동구 한류월드로 281 | 대표전화 1588-1580
홈페이지 www.ebs.co.kr

ISBN 978-89-547-5416-3 04300
ISBN 978-89-547-5415-6 (세트)

이 도서의 국립중앙도서관 출판예정도서목록(CIP)은 서지정보유통지원시스템 홈페이지와 국가자료공동목록시스템에서 이용하실 수 있습니다. (CIP제어번호: CIP2020040845)